JN005706

おおいたの子ども家庭福祉

子育て満足度日本一をめざして

[編著]

井上登生
河野洋子
相澤　仁

明石書店

はじめに

　県外から転居したその日に「大分はおんせん県だし、海の幸も山の幸も美味しく住みやすい良いところだよ」と、私に最初に声をかけてくれたのが、隣に住んでおられる仲睦まじい老夫婦でした。実際大分に住んでみると、押し並べて人と人とのつながりもよく住みやすいところでした。

　人とのふれあいを大切にし、何気ない会話を楽しみながら相手の心に寄り添い親切にしようとする風土や文化を残そう、築こうとしている地域であると感じました。

　私は、2016（平成28）年4月1日新たに国立大学に初めて福祉関係の学部が創設された大分大学福祉健康科学部に着任してきたのをきっかけに、大分県の子ども家庭福祉とかかわることになりました。

　それから早6年、大分での子ども家庭福祉施策や実践について理解していく中で、特筆すべき強みを発見しました。そのひとつは、子どもや家庭の健幸（ウェルビーイング）的な福祉の保障のために、実践者、行政などが積極的な姿勢をもち、そこに大学も加わり相互に忌憚のない意見交換をしながら、関係性を深めつつひとつひとつの課題に真摯に取り組んでいるところです。

　大分県では、「子育て満足度日本一」を目標に掲げ、子どもや子育て中の保護者の声を大切にし、子どもの権利を尊重し、子ども一人ひとりの健やかな育ちを保障するための支援に取り組んでいます。

　その取り組みを先頭を切って推し進めているのが大分県知事です。知事は県内各地域で住民の方々や団体等と直接ふれあう機会を設け対話をする「県政ふれあいトーク」や、専用ハガキ「知事への提案カード」による県民からの意見・提言を広く求める「知事への提案事業」などを実施しています。

　したがって、福祉保健部においても同様に前向きに施策を推進しており、例えば子どもアドボカシー事業についても、大学として担当課に相談に行ったところ、その重要性を認識すると全国に先駆けてモデル事業を実施する運

3

びになりました。さらに実践現場、行政、大学との連携協働が深まることになったのです。

　こうした行政の取り組みによって、この本でも紹介している大分の地ではじめて民間の手で活動を開始したホームスタートや保育コーディネート事業を創設するなど、子育て支援事業などの充実強化が図られてきました。

　また、日本中で唯一全県的に継続している大分県のペリネイタルビジット事業など、各関係機関・団体においても、先達が始めた事業の理念や実践について引き継ぎ、事業の拡充を図りながら発展させています。

　さらに、大分県社会的養育連絡協議会などのように関係機関・関係者同士での連携においても、その重要性などを認識してネットワークを形成し、関係性を深めながら相互に協力しつつ事業や活動などを展開しています。

　この本を出版したいという思いが募り、意欲をかき立てられた大きな理由のひとつは、こうした常に子どもや家庭の福祉の向上を図るために、多くの関係者の何とかしようとする取り組み姿勢や熱意のある実践などに触れ、感銘を受けたからに他なりません。

　この本では、大分県において、様々な子どもやその家庭のニーズを踏まえて、創意工夫を活かした県単独事業など自主的で独自的な事業や活動などを取り上げ、その活動を開始した背景や発展してきた経緯について触れるとともに、その事業や活動の内容と意義などについて紹介しています。

　この本は次の3つの部門から構成されています。

　第1部　子育て支援

　大分県の子ども家庭福祉の現状と課題などについて触れ、母子保健、子育て支援、保育などを中心に独自的な取り組みなどについて紹介しています。

　第2部　相談支援

　子どもの多様なニーズや発達特性などに対応した児童相談所や児童家庭支援センターなど専門機関による相談支援などについて言及しています。

　第3部　社会的養育

　ここでは、里親家庭や児童福祉施設の子どもを中心にした子どもアドボカシー事業や農福連携及び里親・養子縁組の推進について取り上げています。

　また、各章の最後にコラムとして、紹介したい具体的な実践や実践者からのメッセージなども掲載しています。

　この本は、大分県はもとより全国において子ども家庭福祉事業などに携わっている関係者、あるいは県民の方々を対象にして、何よりも子どもの権利を尊重した子育ち・子育て支援などに資することを目的に作成しました。

　関係者の方々におかれましては、①県内で展開している創意工夫された独自的な事業や活動について理解し有効活用するため、②子どもの視点や子育て家庭の視点に立ちその子どもや家庭の健幸な福祉の保障をめざし、自主性や独自性を発揮する事業や活動を新たに創設し、発展・推進していくため、③そのために関係機関・関係者間の連携を図り効果的な事業や活動を展開するため、などの資料のひとつとしても参考にしていただけましたら幸いです。

　また、県民の方々におかれましては、まずは関係者同様に、①実施している様々な事業や活動について理解し有効活用して健幸な子どもの育ちやくらしを確保するため、②支えられてきた子育て家庭が今度は支える側になって事業や活動に参加して子育ち・子育て支援や地域づくりをするため、などの資料のひとつとしても参考にしていただけましたら幸甚に存じます。

　この本が県民から関係者まで幅広く活用され、子育ち・子育て支援や子どもの権利擁護などについての理解を深め、よりよい対応に資することにより、子どもやその家庭の福祉の向上が図られることを切に願っております。

　最後になりましたが、この本の刊行にあたっては、編集・執筆にご尽力をいただいた、母子保健・子育て支援・社会的養護などを連携させて優れた実践・研究活動を行い、多年にわたりモデルを提供し続けている小児科医の井上登生氏、大分県庁に勤務され児童相談所での相談活動や里親制度の推進など子ども家庭福祉実践・対策に今日まで取り組んできた河野洋子氏の敬愛するお二人をはじめ、現場で子どもの視点に立ち努力を重ねられている執筆者の皆様、刊行全般にわたりご教示をいただいた深澤孝之氏、辛島悠氏に、この場を借りて心より深謝申し上げます。

　2022年6月

　　　　　　　　　　　　　　　　　　　相　澤　　仁

目　次

第1部　子育て支援

・・・

第1章　おおいたの子ども家庭福祉の
　　　　現状と課題及びめざすべき方向性

第2章　ペリネイタルビジット事業と
　　　　ヘルシースタートおおいた

第3章　木もれび（中津市地域子育て支援センター）

第2部　相談支援

第3部　社会的養育

第14章　子どもアドボカシー事業

第15章　里親委託の推進

第16章　大分県産婦人科医会が実施する「妊娠等について悩まれている方のための相談援助事業」に関連する「特別養子縁組制度」について

第17章　農福連携──きつきプロジェクト

第１部

子育て支援

● ●

第1章

おおいたの子ども家庭福祉の
現状と課題及びめざすべき方向性

河野 洋子

● ●

はじめに

　大分県は少子高齢化、人口減少が全国と比較しても急速に進んでいること
から、「安心・活力・発展」の基本目標のもと、県民中心の県政を基軸とし
て、大分版地方創生を加速前進させるため、様々な課題に取り組み、政策を
展開しています。

　中でも人を大事にし、人を育てるために、子ども家庭福祉分野では子育て
満足度日本一の実現を念頭に一人ひとりの子どもが健やかに生まれ育つこと
ができる温かい社会づくりの推進をめざしています。施策の展開にあたって
は、地域社会全体で子どもの育ちを喜び、子育てを支え合う地域共生社会を
構築することを明確に掲げ、家庭のみならず、地域、企業、学校、行政機関
等、様々な主体がつながりながら、出会いから結婚、妊娠・出産、子育てま
で切れ目ない支援に取り組んでいます。

　さらに、児童虐待の未然防止・早期対応、子どもの貧困対策、ひとり親家
庭・障がいがある子どもと家族へのきめ細かな取り組みなどにより、誰一人
取り残すことなく、すべての子どもが健やかに生まれ育つ温かい社会づくり
を推進しているところです。

かわの・ようこ　大分県こども・女性相談支援センター長（中央児童相談所長）

　子どもは地域の宝であり、未来を拓く存在です。子どもの健やかな育ちと子育てを支えることは、一人ひとりの子どもや保護者の幸せにつながることはもとより、将来の地域社会の担い手を育成するための未来への投資でもあると考えています。

1. 主要データから見る子ども・子育ての現状

　大分県の年間の出生数は、第二次ベビーブーム期は約1万9千人でしたが、その後減少傾向が続き、2005（平成17）年に初めて1万人を割り込み、2018（平成30）年には8200人まで落ち込んでいます（図表1）。

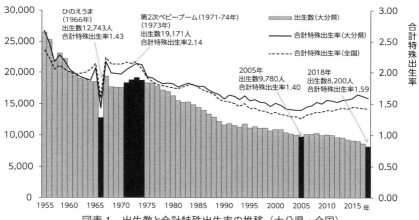

図表1　出生数と合計特殊出生率の推移（大分県・全国）
資料：厚生労働省「人口動態調査」

　出生数の減少に伴い、県の総人口に占める子どもの割合は年々減少しており、2015（平成27）年には県人口に占める14歳以下の割合は12.7％となっています（図表2）。

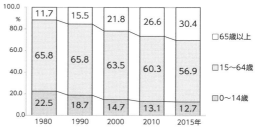

図表2　人口構造（年齢構成）の推移（大分県）
資料：総務省「国勢調査」（2015年）

　また、子どものいる世帯は1980年代には約半数を占めていましたが、2016（平成28）年には25％を下回っています。一方で、共働き世帯やひとり親世帯は増加しており、家族形態の多様化が進んでいます（図表3、4、5）。

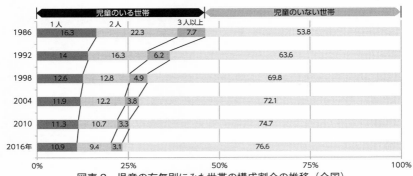

図表3　児童の有無別にみた世帯の構成割合の推移（全国）
資料：国民生活基礎調査（2016年）

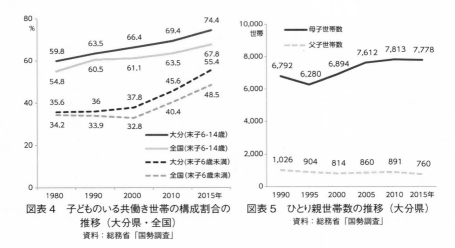

図表4　子どものいる共働き世帯の構成割合の推移（大分県・全国）
資料：総務省「国勢調査」

図表5　ひとり親世帯数の推移（大分県）
資料：総務省「国勢調査」

　子どもがいる共働き世帯も増加しており、就学前の保育所や修学後の放課後児童クラブを利用する子どもの数は年々増えています（図表6、7、8）。

　児童相談所における児童虐待に関する相談対応件数は年々増加していましたが、2020（令和2）年度は1516件と初めて前年を下回りました。高止まりの可能性もあり、今後の状況を注視する必要があります（図表9）。

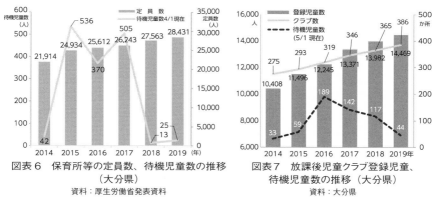

図表 6　保育所等の定員数、待機児童数の推移
（大分県）
資料：厚生労働省発表資料

図表 7　放課後児童クラブ登録児童、
待機児童数の推移（大分県）
資料：大分県

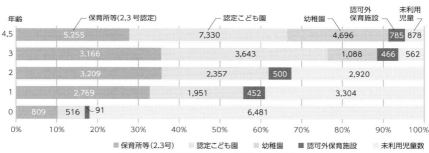

図表 8　就学前児童数の状況（大分県）
資料：大分県（2019 年）

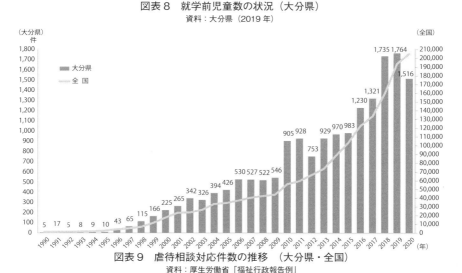

図表 9　虐待相談対応件数の推移　（大分県・全国）
資料：厚生労働省「福祉行政報告例」

　国が公表している子どもの貧困率について、都道府県別のデータはありませんが、2019（令和元）年度に実施した大分県子どもの生活実態調査結果によると、基準額（128.6万円）未満の世帯割合は12.2％となっています。本調査では、世帯収入による分析を行うために、世帯の収入を同居している家族人数の平方根で割った金額の中央値（257.2万円）の2分の1の金額（128.6万）を基準額として用いています。（※例　4人世帯の場合：年収約257万円未満の世帯、2人世帯の場合：年収約181万円）

　なお、この世帯割合（12.2％）は、国の子どもの貧困率とは調査対象等が違うこと及び県調査の世帯分類の基準は、世帯の経済状況と子どもの生活状況との関連を把握するためのものであり、本県の子どもの貧困率ではありません。

○大分県子どもの生活実態調査

https://www.pref.oita.jp/soshiki/12480/jittaityosakeka.html

2. 子育て満足度日本一の実現に向けて

　前述のとおり、大分県では子育て満足度日本一の実現をめざしており、一人ひとりの子どもが健やかに生まれ育つことができる温かい社会づくりの推進に向けて、次に掲げる4つの施策を展開しています。大分県長期総合計画「安心・活力発展プラン2015　ともに築こう大分の未来〜2020改訂版〜」から、現状と課題及びこれからの基本方向を紹介します。

1）子育てしやすい環境づくりの推進

（1）現状と課題

・本県の合計特殊出生率は全国平均を上回る状況が続いていますが、出生数は減少傾向にあります。一方、県民が希望する理想の子ども数が2.88人であるのに対し、現在の子ども数は2.20人と理想と現実の間には大きなギャップがあります。

・ひとり親家庭、共働き世帯の増加や地域のつながりの希薄化、子育てに関する固定的な性別の役割分担により、子育ての孤立感・不安感・負担感が

増大するとともに、子育ての喜びを感じにくい社会になっています。さらに、少子化の進行により、子ども同士が集団の中で育ち会う機会が減少するなど、子どもの育ちをめぐる環境も変容しています。

・父親の家事・育児時間が長い世帯ほど、2人目以降の子どもの出産率が顕著に高くなる傾向にあります。また、本県は出産・育児を理由に離職した女性の割合が大変高くなっています。

・このため、男性の積極的な子育て参画への機運醸成、地域における子育て支援や仕事と子育ての両立支援など、次代を担う子どもの成長と子育て家庭を身近な地域や職場など社会全体で支援することが求められています。

（2）これからの基本方向

・県民みんなが子どもの育ちに期待を抱き、喜びを感じることができるよう、社会全体で子どもの成長と子育てを応援する環境の整備を進めます。

・希望する人が家庭を築き、子どもを持つことができる環境づくりに取り組みます。

・親と子どもが十分に向き合う時を持ち、お互いに喜びを感じることができるよう、子育ても仕事もしやすい環境づくりに取り組みます。

・地域とつながりながら、安心して子育てをすることができるよう、NPOやボランティア、企業、市町村との連携による地域社会全体で子育てを応援する体制づくりなど、子育て環境の整備を進めます。

・すべての子どもが、かけがえのない個性ある存在として、自己肯定感を持って育つことができる環境づくりに取り組みます。

2）結婚・妊娠の希望が叶い、子どもが健やかに生まれ育つ環境の整備

（1）現状と課題

・少子化の一因である晩婚化や未婚化が進んでおり、結婚を希望する若者の出会いへの支援が求められています。

・晩産化など様々な要因により不妊に悩む夫婦が増加していることから、不妊に対する施策の充実が求められています。

・安全で安心して妊娠・出産できる体制を整えるとともに、安心して子育て

ができるよう、地域での切れ目のない施策が求められています。また、妊娠・出産・子育て期を支える関係機関のさらなる連携の強化も必要です。

・産婦人科医及び小児科医は、中部及び東部医療圏への地域偏在が顕著であり、どこに住んでいても安心して子どもを産み育てることができるよう安全で質の高い医療提供体制の整備が求められています。

・少子化や核家族化など母子を取り巻く環境の変化に伴い、育児に取り組む親の孤立化が生じており、特に若い母親の多くが抱える育児不安への対策が求められているとともに、親になる準備期ともいえる思春期の子どもたちへの働きかけも必要です。

・医療技術の進歩等によって新生児の救命率が向上した結果、慢性疾患等により、一定の医療を受けながら生活する医療的ケア児が増加しており、その支援が必要です。

（2）これからの基本方向

・市町村や企業、団体等と連携して、結婚を希望する若者の出会いを応援します。

・不妊や不育（妊娠しても、流産を繰り返すなど出産に至らない病態）に悩む夫婦への支援や妊娠・出産に関する正しい知識の普及啓発を推進します。

・子どもの健康づくりを推進するとともに、子ども一人ひとりの状況に応じた支援を推進します。

・妊娠から育児まで切れ目のない支援を行うため、保健・医療・福祉・教育の関係機関をつなぐ母子保健・育児ネットワークを強化します。

・安心して子どもを産み、子育てができるよう、周産期及び小児医療提供体制の整備を推進するとともに、医療費負担の軽減を図ります。

・母親の育児不安に対する支援や思春期の保健対策などを推進します。

・医療的ケア児がその心身の状況に応じた適切な支援を受けられるよう、保健・医療・福祉その他の各関連分野の相互連携体制を整備します。

3）児童虐待の未然防止・早期対応等切れ目ない支援

（1）現状と課題

・児童虐待への社会意識の高まりや警察等関係機関の連携の強化もあり、県内の児童相談所に寄せられる児童虐待相談対応件数は増加の一途をたどってきました。最近は高止まり傾向が見られます。

・社会的な支援を必要とする子どもや家庭の増加により、児童虐待の早期発見・早期対応のための体制の強化が求められています。

・子どもの成長にとって、家庭において健やかに養育されるよう支援することが大切であり、家庭で適切な養育を受けられない場合には、より家庭に近い環境での養育を推進することが求められています。

（2）これからの基本方向

・児童虐待の未然防止から早期発見・早期対応、アフターケアに至るまで関係機関と連携した切れ目のない支援を一層強化し、支援にあたっては子どもの意見を尊重したうえで、子どもが心身ともに健やかに養育される環境を整えます。

・要保護児童対策地域協議会を活用し、児童相談所・市町村・警察など関係機関による情報共有と連携を強化して、支援が必要な子どもや保護者の早期発見と適切な支援に取り組みます。

・家庭養育を優先する原則のもと、児童養護施設や乳児院など家庭に代わる養育（代替養育）は、できる限り家庭的な環境を整えるよう取り組みます。

・代替養育が必要な子どもを家庭環境の下で養育することを推進するため、里親やファミリーホームへの支援の充実を図ります。

4）子どもの貧困対策やひとり親家庭・障がい児へのきめ細かな支援

（1）現状と課題

・子どもの貧困率が諸外国に比べて高いことや、生活保護世帯の子どもの高等学校進学率が依然として低いことなどから、子どもの貧困に対する対応が求められています。

・ひとり親家庭等（母子家庭、父子家庭、寡婦）では、経済的負担だけでなく、

母親または父親が仕事、家事や子育てを一人で担っていることが多いため、精神的にも肉体的にも負担が大きくなっています。
・発達障がいなど気づかれにくい障がいの場合、発見の遅れや、親が事実を受け入れられないなどの理由により、早期の療育につながりにくく、また、障がいの特性や療育支援等の情報が学校に十分伝わらないことにより、学校生活にうまく適応できなくなることがあります。

（2）これからの基本方向
・子どもの現在及び将来がその生まれ育った家庭の事情等によって左右されることなく、すべての子どもが心身ともに健やかに育成されるよう、子どもたちへの教育・生活の支援や、子どもの居場所としての「子ども食堂」等必要な環境の整備を進めます。
・ひとり親家庭等のニーズに合った子育て・生活支援、就業支援、経済的支援、養育費確保対策を総合的・複合的に展開することにより、安心して生活し、子育てしやすい環境を整えます。
・障がいの早期発見・早期療育のため、乳幼児健康診査等や家族に対する相談支援体制を充実するとともに、医療、保健、福祉、教育、就労などの関係機関が連携し、障がいのある子どもと家族のライフステージに応じた一貫した支援を推進します。

3. 子ども家庭福祉に係る主な県計画

　前節では、大分県長期総合計画に沿った4つの施策について、現状と課題及びこれからの基本方向を示しましたが、このほかにも、子ども家庭福祉に係る県の基本計画があります。主要な計画の性格は次のとおりですが、いずれの計画も大分県長期総合計画の部門計画として位置づけられています。
　○おおいた子ども・子育て応援プラン（大分県次世代育成支援行動計画）
　https://www.pref.oita.jp/site/jisedai/3rdplan.html
　・次世代育成支援対策推進法に基づく都道府県行動計画
　・子ども・子育て支援法に基づく都道府県子ども子育て支援事業支援計画

・厚生労働省雇用均等・児童家庭局長通知に基づく母子保健計画

〇大分県ひとり親と困難な生活環境にある子どもの支援計画

https://www.pref.oita.jp/soshiki/12480/hitorioya-kodomoshienkeikaku.html

・子どもの貧困対策の推進に関する法律に基づく都道府県計画

・母子及び父子並びに寡婦福祉法に基づく都道府県計画

〇大分県社会的養育推進計画

https://www.pref.oita.jp/soshiki/12480/syakaitekiyouikusuisinkeikaku.html

・厚生労働省雇用均等・児童家庭局長通知に基づく都道府県社会的養育推
　進計画

〇大分県障がい児福祉計画

https://www.pref.oita.jp/soshiki/12500/shougaishakeikaku.html

・児童福祉法に基づく都道府県障害児福祉計画

　計画の策定や見直しにあたっては、関係法令の趣旨、計画策定の目的を踏まえ、関係者からご意見をうかがっており、大分県の独自性が反映された内容になっています。

　また、近年の策定（見直し）では、2015（平成27）年9月の国連サミットで採択された「持続可能な開発のための2030アジェンダ」の「地球上の誰一人取り残さないこと」を基本方針とするSDGsの理念を踏まえた内容となっています。

4. 大分県の子ども家庭福祉　今後のめざすべき方向性

　国において、2021（令和3）年12月に「こども政策の新たな推進体制に関する基本方針」が示され、2023（令和5）年4月にはこども家庭庁が創設されます。

　国は、こども家庭庁を設置することで、①こどもと家庭の福祉・保健その他の支援、こどもの権利利益の擁護を一元化、②年齢や制度の壁を克服した切れ目ない包括的支援の実現、③修学前の育ちの格差是正、④こども・子育て当事者の視点に立った政策（プッシュ型情報発信、伴走型支援）の実現をめ

ざすとしています。

　さらには、2022（令和 4）年 6 月には改正児童福祉法等が成立しました。2016（平成 28）年の児童福祉法改正では、子どもが権利の主体であること、また、子どもの養育に関して、まずは家庭で健やかに養育されるよう保護者を支援し、家庭での養育を受けられない場合においても、より家庭に近い環境で養育されるよう推進すること（家庭養育優先原則）が明確にされ、本県においても社会的養育、特に要保護児童等に係る取り組みが大きく変化しましたので、今回の児童福祉法改正も現場に大きな変革をもたらすと考えています。

　特に、市町村においては、基礎自治体として把握している膨大な情報を、すべての子育て家庭を対象に、包括的な子育て支援に活かしていくことができるかがポイントになると考えています。そのためには、把握（情報活用）・マネジメント機能の強化が不可欠です。すべての妊産婦・子育て世帯、子どもの一体的な相談支援を行う機能を持つ機関が必要となります。市町村では、現行組織の見直しや体制強化が必要になると思われます。

　さらに、在宅支援を支えるために、市町村が地域に数多くの支援在宅サービスを用意することも求められます。特に、ヤングケアラーや発達のグレーゾーンなど要支援の子どもや家庭など、これまでの縦割り制度の中では支援が届きにくいとされる、いわゆる隙間を埋めるサービスも必要になります。そして、地域には利用者目線で包括的にいろいろなサービスを、横串でつなぐコーディネート力を持つ人材も求められます。在宅支援の展開において市町村の果たす役割は大きく、地域の民間団体や NPO 等との協働により、民間資源・地域資源と一体となった支援体制の構築が望まれます。

　なお、私は地域に必要なサービスとして、①ショートステイ（トワイライトステイ）、②配食や宅食、家事支援サービス等もメニューに持つ訪問型の支援、③家や学校以外の子どもの居場所の充実に大きな期待を寄せています。この 3 つの事業は、近い将来、県内市町村の標準装備事業として実施されるようになってほしいと願っており、県としても 2022（令和 4）年度においていち早く予算化を図ったところです。

　また、県直営の取り組みとして、2022（令和 4）年 4 月に中央児童相談所

城崎分室（大分市事案を担当する組織）を設置しました。2020年度からモデル的に取り組んできた全国初の独立型アドボケイトシステムの導入に加え、ケアリーバーの自立支援の充実などを行います。これからも、児童相談所の支援機能等の強化や子どもを中心として考える社会的養育の質の向上に向け、引き続き取り組んでいきたいと考えます。

おわりに

　厚生省児童局が1959（昭和34）年に発刊した「児童福祉十年の歩み」によると、今から約470年前の1555（弘治元）年、ポルトガルから日本にやって来たルイス・アルメイダの業績として「貧困不遇の幼児を救済するために府内に救済院を設けた。それは独立した孤児、捨子の救済院として注目すべきものであった」とあります。実際、大分県庁前の大手公園にアルメイダの活躍を紹介した記念碑があります。この記念碑には牛のレリーフが彫られていて、解説として「日本最初の洋式病院を建てたポルトガルの青年医師アルメイダが、ここ府内に来た当時の日本は戦乱が続き、国民の中には貧窮の余り嬰児を殺す風習があった。これを知ったアルメイダは自費で育児院を建て、

大分県庁前の大手公園にあるアルメイダの活躍を紹介した記念碑

これらの嬰児を収容し乳母と牝牛をおいて牛乳で育てた。これは近世における福祉事業の先駆である。」という一節があります。

　また、日田には日本初の児童養護施設「日田養育館」跡があります。解説には「明治元年に、日田県知事として着任した松方正義は明治二年（1869）この地に棄児・孤児・貧児収容所として養育館を創設し、孤児・貧児三百六十余名を養育した。すべて豆田、隈の豪商、医師、産婆などの拠出金と労務奉仕により運営されたが、その後大分県に引きつがれ明治六年（1873）まで存続した。この養育館跡は我が国の孤児院発祥の地ともいわれている。」とあります。日田養育館の特徴は、行政トップ（初代日田令（知事）松方正義）の政策判断、医師を中心とした町の有力者、篤志者の資金・人材協力です。さらに、子どもの収容（養護施設）とともに訪問養育指導、予期せぬ妊娠対策、妊産婦の収容（助産施設）、里親養育を最初からセットし、収容保護は限定的に運用していたそうです。現在の民生・児童委員のような役割の無報酬ボランティアもいたといいます。

　今の時代でも示唆をもらうような素晴らしい取り組みが、明治初年に、ここ大分の地で行われていたことに深い感動を覚えると同時に、敬意を払わずにはいられません。

日本初の児童養護施設「日田養育館」跡

　こうした大分県の先人の功績は非常に誇らしく、私たちに勇気を与えてくれますが、実は私たちの身近にも素晴らしい先輩がたくさんいらっしゃいます。先輩方は、子どもにとって必要なことは前例がなくても、困難と思われても、果敢にチャレンジするという大分県の子ども家庭福祉の風土を培ってこられました。これは、私たちの財産でもあります。これからの私たちは、それぞれの立場でこの風土をしっかり受け継ぎ、より良いものにしていくことが求められます。

　この本で紹介する大分で先駆的に行われてきた取り組みは、のちに国の施策に反映されたものも少なくありません。国の子ども家庭福祉に係る枠組みが大きく変化する時代ですが、これまでの大分県で取り組んできたことの延長と考えると、比較的すんなりと受け入れられるのは、私だけではないと思われます。

　これからも私たちは歩みを止めることなく、現場のニーズをつかみ、それに応える手法を工夫しながら編みだし、子どもの最善の利益を確保していきたいものです。大分で育つすべての子どものために。ワンチーム大分で。

コラム 養育のライフサイクルを見据えたシステム

「養育のライフサイクルを見据えた支援体制の確立の重要性」について、2017（平成29）年8月に公表された「新しい社会的養育ビジョン」では、次のように提言されています。

「親が妊娠、出産して子どもを育て、育てられた子どもが自立をして親となる準備をし、今度は親となって子どもを出産して育てるという世代を繋いで繰り返されていく養育のサイクルを見据えた支援が重要である。すべての子どもやその家族、特に虐待を受けたり貧困状態にある子どもやその家族に対して、虐待や貧困の世代間連鎖を断ち切れるようなライフサイクルを見据えた社会的養育システムの確立が求められており、その中でも支援が薄い若者や妊産婦などに対する施策の充実強化及び他の施策との連携協働なども重要である。

養育のライフサイクルを見据えた支援体制については、すべての子どもが健やかに生まれ公平なスタートができるよう、妊産婦支援体制の充実強化をはじめ、子どもの各発達段階における要支援段階（グレード）毎の具体的な支援事業を整えて、重層的な養育支援システムの確立を図ることが重要である。

現状では、思春期・青年期、親になる準備期を経て、親としての妊娠出産期まで繋げていく自立支援施策は不十分である。子ども若者支援施策との連

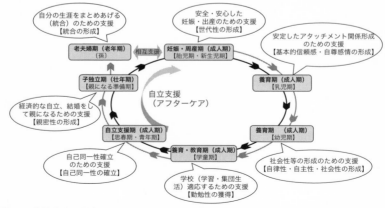

図表1　家族全体を対象にした切れ目ない包括的ライフサイクル（リプロダクションサイクル）支援
──ポピュレーションアプローチからの全家庭支援

携も必要であるが、子どもの時期に福祉の関わりがあった子どもの多くは自立や親になることへの問題を抱えることもあり、その支援は特に充実させなければならない。そのための青少年自立支援センター（仮称）の創設なども検討されるべきである。」

　この内容をまとめたのが、図表1と図表2です。

　社会的養育システムについては、この図表1・2で示しているように、市区町村と都道府県の協働のもと、養育のライフサイクルを見据え、どの年齢や時期においても、その子どもや家族の多様なニーズにも対応できる緩やかなグラデーションをもった重層的な養育支援システムの構築が重要であり、課題です。

　また、ビジョンが指摘しているように、思春期・青年期、親になる準備期を経て、親としての妊娠出産期までつなげていく自立支援施策について、子ども若者支援施策と連携しながら充実させなければなりません。

　大分県においては、このサイクルの重要性についても認識し、こうした課題についても先駆的に取り組んでいます。

　具体的には、2014（平成26）年に社会的自立に様々な悩みを抱える青少年及びその家族などへの切れ目のない支援を行うため分散していた「児童アフターケアセンターおおいた」「青少年自立支援センター」「おおいた地域若者サポートステーション」の3機関を1箇所に集約し、相談窓口をワンストップ化するための「おおいた青少年総合相談所」を設置して対応しています（詳細は第13章を参照）。　　　　　　　　　　　　　　　　　　（大分大学　相澤　仁）

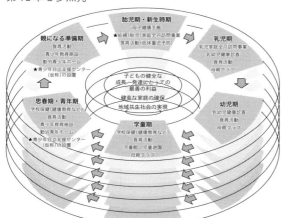

図表2　社会的養育システムの構築（要支援機能）案

●　●

第2章

ペリネイタルビジット事業と
ヘルシースタートおおいた

東保 裕の介・岩永 成晃

●　●

1. ペリネイタルビジット事業

はじめに

　ペリネイタルビジット（出産前後小児保健指導：以下一部PVと略す）事業は産科医の紹介で妊産婦が出産前～産後早期に小児科医を訪れ、小児科医から子育てや子ども病気、予防接種などの保健指導を受ける事業です。

　この事業は、日本には今までになかった概念であり、「ペリネイタルビジット」という聞きなれない英語読みの事業名も相まって、残念ながら、開始から20年経った現在でも産科医・小児科医や行政それと指導を受けた妊産婦以外には広く浸透しているとは言い難いと思います。ただ、PV指導を受けた妊産婦の安心感は大きく、周産期からの育児支援として大切な役割を果たしています。さらにこの事業を通じて、大分県では産科医・小児科医の医療関係者と行政との緊密なネットワークが醸成され、その後の体系的な妊産婦支援の取り組みに発展しています。

　大分県のPV事業は2002年に開始されましたが、日本中でこの事業が全県的に継続しているのは大分県のみです。内閣府のHPにも、胎児期からの育児支援「大分方式ペリネイタル・ビジット」と紹介されています。

とうほ・ゆうのすけ　とうほ小児科医院院長
いわなが・しげあき　大分県産婦人科医会顧問／大分県周産期医療協議会専門部会長

　今回は、大分県のペリネイタルビジット事業の、1）設立の背景・経緯、2）実際と実績、3）意義、4）今後の課題と方向性について、小児科医としてこの事業に携わった経験から報告します。

1）事業設立の背景・経緯

（1）日本おけるプレネイタルビジット事業

　もともとプレネイタルビジット[1]（出生前小児保健指導）は米国の小児科医ヴェッセルにより、1963年に提唱されました。米国小児科学会は1984年から2009年まで4回にわたって委員会報告[2,3]の中でその効用を示し、米国でのこの事業を推奨しています。日本では1992年に厚生労働省がプレネイタルビジット事業をモデル事業として市町村単位で行い、全国で23市町が開始しましたが広まらず、すぐに頓挫しました。再度2001年には日本医師会が、「健やか親子21」の理念の一環として医師会単位で、モデル事業を全国に募りました。しかしこのモデル事業も当初46医師会が手上げしましたが定着せず、現在ではほとんどが中止または有名無実化しています。

（2）大分県でのPV事業の取り組み

　大分県では、2001年のモデル事業を受けて大分県内の大分市、臼杵市、豊後大野市の3つの医師会が手上げをしましたが、当初から大分県全体の取り組みとするために、大分県医師会が事業の事務局となりました。実際の運営は、大分県医師会、大分県産科医会、大分県小児科医会、大分県の四者の運営協議会が行い、2001年でモデル事業は終了し、その後本事業として取り組んでいます。もともと、米国、日本のモデル事業はプレネイタル（出産前）ビジットでしたが、大分県では独自に2002年よりペリネイタル（出産前後）と産後指導も含める形に改変しました。PV事業の主体は市町村で、当初は大分市、別府市の2市のみの事業化でしたので、残り16の市町村の事業費は大分県医師会、大分県産科医会、大分県小児科医会が拠出して事業を進めました。徐々に事業化市町村は増えて、2021年には姫島村を除く17の市町が事業化しています。

　大分県で当初からこの事業が医師会単位や市町村単位ではなく全県的に実

施できた要因としては、①当時の産科医会会長の事業への先見性と強い指導力があったこと、②もともと産科医会と小児科医会の連携が良かったこと、③市町村のみならず大分県（大分県健康対策課）を巻き込んだこと、④県医師会が事務局となり推進したことがあげられます。

　この事業が大分県で開始された時の印象的なエピソードを思い出します。当時、私は臼杵市医師会の理事として2001年の日本医師会のモデル事業に手上げをしました。早速、当時の大分県日本母性保護医協会（現大分県産科医会）会長のM先生に電話をして、その旨を報告したところ、とたんに烈火のごとく怒りの言葉を浴びせられました。それは「前回の1992年のモデル事業の失敗を一切反省していない。失敗の原因は、ひとえに日本小児科医会が主導し、産科医会への相談、合意が一切されていなかったことによる。この事業は、産科医の妊産婦への働きかけから始まるのが、わかっとらん」とのことでした。私は不明を詫び、その後彼と協力してこの事業を率先して進めていきました。ちなみにM先生は、私の大学の2年先輩でもあり、彼が産科医、私が小児科医・新生児科医として長い間大分県の新生児医療・周産期医療を牽引してきた仲間です。

　彼がいなかったら、モデル事業は1年で頓挫し、今の大分県には、PV事業は存在しなかったでしょう。そして、ペリネイタルビジットにより築かれた医療と行政のネットワーク強化を基盤として開始された大分県独自のヘルシースタートおおいた事業（ヘルシースタートおおいたについては、次節を参照）も存在せず、さらに精神科的疾患妊産婦支援の大分トライアル（後述）へと進んだ大分県の先進的な流れもなかったと思われます。

　今まで20年の間継続できている大きな要因は、ひとえに妊産婦の支援に対する産科医の熱意と長時間かけて面談する小児科医の努力によります。それとともに毎月1回ペリネイタルビジット・ヘルシースタートおおいた合同専門部会を大分県医師会にて開催し、事例検討や事業の方向性、支援の問題点を話し合い、途中からは精神科医、児童相談所、児童福祉関係者の参加もあり、支援の質の向上が図られてきたこともひとつの要因です。

2）PV事業の実際と実績

（1）PV事業の実際

　ペリネイタルビジットは、ほとんどが産科医療機関での産科医・助産師から妊産婦へのこの事業の説明・勧奨から始まります。また、市町村では母子手帳交付時に保健師も勧奨を行っています。小児科指導を希望した妊産婦は、産科医療機関で産科医紹介状をもらい、希望する小児科を予約して訪問し、30分から1時間の面談を行い、ワクチンの大切さや接種時期、子どもの病気、子育て、乳幼児健診、地域の救急体制や子どもサポート体制などの説明を受けます。小児科指導の6割は妊産婦単独で、3割はご夫婦で受けられます。小児科で指導した内容と今後の支援の必要性を小児科指導票に記載します。小児科指導票は、1通は紹介元の産科医療機関に返送され、あと1通は大分県医師会に集約され、各市町村に転送されます。各市町村では産科紹介状・小児科指導票にある要支援事例については、具体的な支援の方法を決めていきます。市町村で支援方法に関して疑問がある事例は、ペリネイタルビジット・ヘルシースタートおおいた合同専門部会に提示し、検討してもらい今後の支援を決めていきます。

（2）ペリネイタルビジット実績

　2001年から2020年までの年ごとの大分県におけるペリネイタルビジットの数を、**図表1**に示します。

　棒グラフ（左目盛り）の左が産婦人科紹介数で右が小児科指導数を表し、折れ線グラフは出生数（右目盛り）を表します。年間出生数は、2001年は1万1000人でしたが2020年には7580人と減少しています。ペリネイタルビジットの件数は20年間総数で産科紹介数は1万6008件、小児科指導数は1万3034件となっています。産科から紹介されても時期を失した等の理由で小児科指導まで辿り着かない妊産婦が2割弱います。1年間を通して事業が施行された2004年以降の出生数に対する割合は産科紹介数が9.4％、小児科指導数は7.5％でした。前半2004 〜 2012年と後半2013 〜 2020年とを比較しますと産科紹介8.9％→10.1％、小児科指導7.0％→8.3％と後半が微増していました。ペリネイタルビジットを勧奨するのほとんどが初産婦です。さ

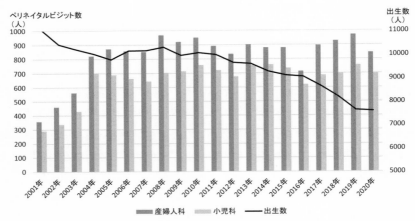

図表1　大分県におけるペリネイタルビジットの数

らに全出産の約半分が初産ですので、後半では産科紹介は初産婦の約20％と5人に1人、小児科指導は約17％と6人に1人がペリネイタルビジットを受けたことになります。

（3）PV事業の意義

プレネイタルビジットの意義を米国小児科学会はその委員会報告で、①小児科医と家族の良好な関係を築く、②家族から様々は情報を得る、③育児の情報を知らせることで、育児の技量を育む、④ハイリスクの家族を見つけ出し、支援につなげるとしています。さらに、大分県では上記4つに加えて育児支援のネットワークが強化され、この事業の大きな効用・意義[4),5)]が判明しました。

❶妊産婦の育児不安の軽減が図れる

事業の意義を、妊産婦を対象とした2つのアンケート調査から述べます。

1つは、PV指導を受けてすぐのアンケート調査です。毎年行っていますが、小児科指導を受けた2111名の回答から、「小児科指導に満足したか」の問いに非常に満足64％、やや満足29％、どちらでもない6％、やや不満1％と満足している妊産婦がほとんどでした。さらに、この事業を他の妊産婦に紹介したいかの設問に対して、是非紹介したい50％、できれば紹介したい48％、

わからない2%と多くが他の妊産婦にも勧めたいとの結果でした。アンケートの自由記載の中にも、「産科医と小児科医の連携されたシステムに感心した。ありがたく、心強く思った」、「小児科医や看護師と顔見知りになったことで、病院へ連れていきやすくなった」、「『何かあればいつでも相談を』という対応で、安心できた」、「上の子との母子関係・兄弟関係に対する指導も受けて、不安が軽くなった」、「丁寧な説明をしていただき、"大変だな"と思っていた育児ですが少し安心した」、「初産の心細さを良く理解していただき、受けて良かったと思った」、「産婦人科とは違った観点でいろいろと教えてくれたので精神的に安心した」と安心した様子がうかがえる記載が多く見られました。

　アンケート調査の2つ目は、2012年に実施したペリネイタル指導を受けて1年後のアンケート結果（回答率44％：310例）です。現在のかかりつけ医は80％が小児科指導を受けた小児科医であり、小児科指導は、今の育児にとても役立っている44％、少し役立っている38％と答えています。そして実に87.3％（270例／310例）と多くの保護者に自由記載をいただき、生の声が聞けました。そこには約4割に「事前に、小児科医・スタッフに会えた安心感、受診の安心感」、約2割に「心強い事業なので広めて欲しい、もう紹介している」、「産後の育児不安が軽減され、安心して出産・育児ができた」、「予防接種の説明が聞けた安心感」、さらに少数ですが「小児科医の丁寧な指導への感謝の言葉」、「父親へ育児参加の自覚を促す機会が持てた」等の記載があり、事業に否定的な意見は4.4％でした。

　以上のアンケート結果をみると、安心した、心強い、育児不安が軽減した等の表現が多く、産後の育児に安心感を与える事業であることが読み取れます。もともと育児不安のなかった多くの妊産婦からも、安心したとの回答をいただいています。米国の委員会報告に見られる①～③の小児科医との関係、情報収集、育児の情報を提供して育児不安を軽くするという意義は達成できていると思われます。

❷支援の必要な妊産婦を発見し、地域の支援につなげる

　小児科指導では、産科紹介状を参考にしながら家族から様々な情報を聞き

出し、それについて支援の必要性を検討します。産科および小児科でそれぞれに継続支援の必要性の有無を判定し、記載します。

2011 〜 2016年までの4505例の産科紹介状・小児科指導票の分析（図表2）を行いました。小児科指導を受けたのは3663例（81.3％）であり、指導を受けた中で支援不要が3257例（88.9％）、要支援が406例（11.1％）でした。要支援の中でペリネイタルビジット・ヘルシースタートおおいた合同専門部会に諮ったのが261例（小児科指導総数の7.1％）、市町村のみで判定したのが145件でした。ペリネイタルビジット・ヘルシースタートおおいた合同専門

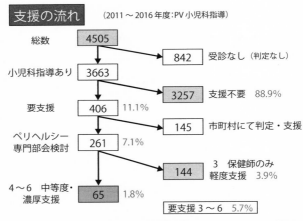

図表2　2011 〜 2016年までの4505例の産科紹介状・小児科指導票の分析

ペリネイタルビジット・ヘルシースタートおおいた合同専門部会 支援の6段階
1. 通常の母子保健活動（通常サービス）
2. 健診などで見守り
3. 保健師による継続支援
4. 児童福祉や生活保護担当、医療機関や保健所と連携しながら、保健師が支援する。
5. 要保護児童対策地域協議会において、“個別ケース検討会議”を速やかに開催し、支援する。
6. 一時保護など早期な早急な介入（児童相談所が中心になり対応） （2012年5月より改訂）

図表3　ペリネイタルビジット・ヘルシースタートおおいた合同専門部会　支援分類6段階

部会に諮った261例を支援分類6段階（図表3）に分けると、支援1. 不要と支援2. 見守りの合計は60例、支援3. 保健師のみの支援144例（3.9％）、支援4. 他機関との連携31例、支援5. 要対協登録24例、支援6. 緊急保護2例でした。支援4〜6の中等度から濃厚支援は65件で、3663例の1.8％でした。2016年の時点では、PV指導を受けた妊産婦の100人に2人が、多機関が連携して手厚い支援が必要なハイリスク妊産婦でした。

　このデータでは3. 保健師のみの支援が144例と検討事例の55％を占めていますが、最近では子育て世代包括支援センターなど児童家庭福祉施策が充実され、他機関との連携が取りやすくなっていることや特定妊婦として早くから要対協登録などが増加していることを考慮すると、要支援4や要支援5の比率が増加していると思われます。

　上記より、おおよそ小児科指導を受けた10人のうち9人は支援不要であり、1人が要支援となっています。この1割のハイリスク妊産婦の情報は県医師会を通じて速やかに市町村に伝えられ、適切な支援がなされています。同時期の産科紹介状では476例／4505例（12.1％）が要支援と判断されていました。以上、大分県のPV事業も、ポピュレーションアプローチが主で、その中に含まれるハイリスク妊産婦を見つけることができています。米国の委員会報告の④（ハイリスクの家族を見つけ出し、支援につなげる）も、果されていることになります。

【虐待死を未然に防げた事例】

　ペリネイタルビジットを契機として、虐待死を未然に防げたと思われる事例はほとんど経験しません。ここに、虐待死から子どもを救った可能性の高い事例を報告[6]します（図表4）。事例は第2子、第4子がそれぞれ生後33日、生後14日に原因不明の突然死を起こしていました。第4子は司法解剖され乳児突然死症候群（SIDS）と診断されました。しかし、前後の母親の説明や行動が不自然で、限りなく自然死とは考えられない事例でした。第1子、第3子も自転車、自動車、熱傷で大きな外傷を負っていました。この母親が第5子を妊娠した時に、在胎24週のペリネイタルビジットから産科医、小児科医、保健師（市の健康課・福祉課）、保健所、児童相談所、地域の保育園園長

虐待ハイリスク例
（妊娠中より地域で見守り）

〈病歴〉
　第1子（11歳）は　①3歳時に母親の自転車で足挫創　②10歳時背部熱傷。
　第2子は生後35日に死亡（X-10年）"朝起きたら呼吸なし"⇒SIDS疑い（司法解剖なし）
　第3子（8歳）は3歳時に①母親の自転車で足挫創
　　　　　　　　②母親の運転する車で交通外傷（上腕骨骨折・肝挫創・腎損傷）で入院。
　第4子は生後14日に死亡（X-1年）"朝起きたら顔色が悪い"、
　　　自家用車で1時間搬送　到着時は心肺停止状態　⇒SIDS（司法解剖あり）

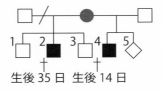

生後 35 日　生後 14 日

図表 4　虐待死を未然に防げた事例

等の関係諸機関が集まり、出産前から生後1〜2週間、さらに2か月〜3歳まで手厚く見守り、無事に成長しました。産前のPV小児科指導で母親と面談した時に、「1〜2か月頃までは十分に注意して、何か変わったことがあったらすぐに連絡を」と話したら、母親から「今度は、大丈夫と思うよ」と自信ありげに返事がありました。「今度は、大丈夫と思うよ」の「思うよ」と言う言葉に、こちらは背筋が寒くなったことを覚えています。地域で支援・見守り体制を続けることで虐待死を予防できたと思われる事例です。

❸ネットワーク強化の側面
①産科医・小児科医・行政（保健師等）・他機関との連携強化
　PV事業開始前には想像していませんでしたが、継続して判明した最も大きな効用は、妊産婦の産科紹介と小児科指導を通じて産科医と小児科医の連携が強化されこと、さらには医療機関と行政その他の機関との連携の輪が大きく広がり、強化されたことです。市町村の保健師と産科医、小児科医は、支援が必要な妊産婦のために電話や紙やメールを通して情報交換を行います。さらに、毎月1回のペリネイタルビジット・ヘルシースタートおおいた合同専門部会では多くの職種が顔を合わせ、事例検討、情報交換をすることで、文字どおり顔の見える関係になり密な支援体制ができました。

②薬剤師会との連携

　PV指導の際には必ず母乳育児の大切さを説明します。医薬品の添付文書では授乳婦の服薬については禁母乳・中止・投与回避としている薬剤がほとんどです。医師、薬剤師も安易に添付文書に沿った指導を行うことが多く、母乳育児推進の障害になっていました。そこで、大分県では不必要な母乳の中断をなくすため、大分県「母乳と薬剤」研究会を大分県薬剤師会、小児科医会、産婦人科医会、県医師会と合同で立ち上げて検討を重ね、2010年3月に「母乳とくすりハンドブック」[7] を作成しました。その後2回改訂を重ね、2017年度の改訂3版は全国から1万部を超す注文があり、全国的に活用されています。

❹新しい取り組み「ヘルシースタートおおいた」事業へ発展

　大分県ではPV事業のネットワークを基盤にして、2008年度から「ヘルシースタートおおいた」が開始されました（詳細は次節参照）。「ヘルシースタートおおいた」は、妊娠期から新生児期～幼児期等ライフステージごとに、母子が受けられる医療や母子保健サービスを体系的に整理し、育児支援システムを構築し、医療・保健・福祉・教育の連携の強化を図るものです。これでPV事業を受けていない9割の妊産婦への広範囲な支援体制ができました。

4）今後の課題と方向性

（1）全国的に、この事業を広めることができますか？

　現在、PV事業が年間数百件の数で実施されているのは全県単位では大分県のみであり、市町村単位では北九州市のみです。今後、全国的にこの事業を広めるのは、かなり困難と考えられます。全国的には、PV事業に関心のある多くの自治体、医師会で1992年と2001年のモデル事業に手上げをして、頓挫した経緯があります。一旦頓挫した事業はなかなか再興できません。頓挫した理由は、①産科医、小児科医の連携が十分に取れていなかったこと、②産科医の妊産婦支援への想いが十分でなく、事業紹介を躊躇したこと、③小児科医は、30分〜60分と時間のかかりすぎる小児科指導に二の足を踏んだこと、④行政は小児科医が妊産婦の育児支援にかかわるこの事業の意義を

理解できず、市町村事業として事業化しなかったこと、⑤ハイリスクアプローチのみに限定したこと、などがあります。

　ただ、最近では子育て世代包括支援センターなど児童家庭福祉施策が充実しつつあり、特定妊婦、要支援妊産婦を発見し、支援していく体制整備が進み、新たにPV事業を始める意味合いは薄れていると思います。

（2）大分県では産科紹介・小児科指導数が大きくは増えていませんが？

　大分県でのPV事業の出生数に対する割合は微増していますが、この20年間大きくは変動していません。この事業は産科医の紹介で始まりますので、事業への産科医の意識が大きくは変わっていないのでしょう。小児科医の時間的な許容範囲は、以前の小児科医へのアンケートによれば今の倍の数は可能でした。小児科指導に時間がかかるため、産科医が紹介をためらう側面もあると思いますが、もう少し気軽に小児科に紹介していただけたらと思います。特にハイリスク妊産婦の紹介が増えれば、周産期からの産科医・小児科医・行政の連携が増えてくることになります。今回、新型コロナウイルス感染症の大流行の2020年でもペリネイタルビジットの小児科指導件数は減少していないのは、少し驚きでした。PV指導に対する産科医・妊産婦の前向きな思いを垣間見た気がします。

（3）ペリネイタルビジット事業の名前は、わかりやすくなりませんか？

　一般の人にもわかりやすい名前について、かなり検討しましたが、なかなか見つかりません。

　大分県で独自に改変したPV（大分県の正式事業名は「育児等保健指導」）事業は、今や日本中で「ペリネイタルビジット事業」として固有名詞になっています。同じ事業の正式な日本語名は、大分県は「育児等保健指導事業」、北九州市は「出産前後小児保健指導事業」、福岡市は「出産前後子育て支援事業」と呼んでいます。統一できる適当な日本語名が見つかりませんが、「出産前後小児保健指導事業」が妥当と思われます。

　ただし、医療関係者にも行政にも、「ペリネイタルビジット」という呼び方が流布していますので、日本語訳ではすぐにこの事業はイメージできません。

（4）方向性

　ペリネイタルビジット事業は、ポピュレーションアプローチの中に一部ハイリスクアプローチを含む、今の形態は変えなくてもよいと思われます。ただ、全妊産婦の1割、初産婦の2割しかこの事業を受けていないとすれば、ポピュレーションアプローチとは言い難い側面もあります。しかし、漠然とした育児不安しか持っていなかった妊産婦が小児科指導を受けたあと安心して帰る様子から、小児科医としては確かな手ごたえを感じることができます。今後は、PV小児科指導の時間の短縮ができるか、ハイリスク妊産婦への対応が増やせるかなどの検討が必要です。主として事例検討を行ってきたペリネイタルビジット・ヘルシースタートおおいた合同専門部会の在り方についての議論も必要です。

おわりに

　ペリネイタルビジット事業の背景、実際、意義、問題点について述べました。様々な問題点もありますが、20年もの長い間、周産期からの育児支援の役割を果たし、妊娠期からの母子支援の礎となったこのペリネイタルビジット事業は、「ヘルシースタートおおいた」とともに大分県の宝となっています。今後とも、妊産婦を支えるセーフティーネットのひとつとして、妊産婦に安心感を支えるこの事業を続けることが私たちの責務と考えます。

（東保 裕の介）

2. ヘルシースタートおおいた
──すべての子どもの健康で幸せな人生のスタートを願う

1）「ヘルシースタートおおいた」とは

　「ヘルシースタートおおいた」は、その名称が示すように、すべての子どもが「健やかな人生のスタート」を迎えられるように、妊娠期から出産後の新生児期、乳幼児期等のライフステージごとに、母子が受けられる医療や保健福祉サービス等を体系的に整理し、すべての妊婦について、母子手帳交付の時点から、各ステージにおいて、誰が何を「みる」（情報の収集と観察）の

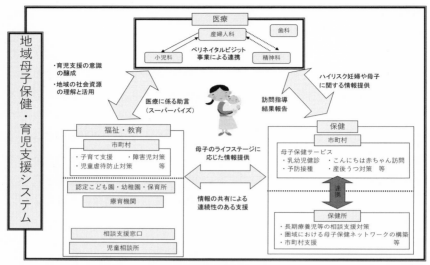

図表 5　「ヘルシースタートおおいた」のめざすもの

か、支援が必要な母親を関係機関やサービスにどう「つなぐ」(情報の提供と連携)のかを明らかにすることにより、医療・保健・福祉・教育の連携による「地域母子保健・育児支援システム」を構築しようという、大分県が実施する事業です(図表5)。

　大分県の子育て支援においては、2001 (平成13) 年から開始した「大分県ペリネイタルビジット事業」を軸に、妊娠期から出産後の母子を中心にした子育て支援に取り組み、産科・小児科と県下全域の市町村の保健師が連携して妊婦支援および子育て支援に従事する状況を確保してはきましたが、まだ十分とはいえませんでした。特に、行政の事業として行われる各種保健事業等については、行政機関の常である縦割りの流れのために、行政の担当者間においてさえも十分連携がとれず、さらにサービスの対象となるべき妊婦や母子にとっては、どのようなサービスがいつどこで受けられるのかなど、よくわからなくなっていたのが実情でもあります。

　この状況を改善して、大分県全域で格差のない、妊娠中からの様々な支援が受けられるように、「大分県ペリネイタルビジット事業」をベースに行政の支援を整理統合してそれに地域の特色あるサービスを提供できるようにす

るための試み、大分県の事業「ヘルシースタートおおいた」として実施することとなりました。

2）「ヘルシースタートおおいた」の稼働

　「ヘルシースタートおおいた」は2008（平成20）年度から稼働開始となりましたが、まず大分県医師会・産婦人科医会・小児科医会・精神科病院協会・県・市町村からなる「ヘルシースタートおおいた事業推進委員会」が、県全体の県内どこでも標準化した情報提供・情報収集ができるようにガイドラインを立ち上げました。実際の事業のスタートは、各圏域の産婦人科医・小児科医・精神科医・県および市町村保健師・福祉関係者で構成する「ヘルシースタートおおいた地域推進専門部会」で、圏域にある非公式なサービス等も盛り込んだ、より地域に即した「圏域版ガイドライン」を作成して運用を開始しました。

　この中で具体的な検討が必要な事項は、母子健康手帳交付の際に把握すべき情報、母親学級の開催における医療機関との連携、ペリネイタルビジットのあり方、出生届けの際に提供すべき情報、産後うつのスクリーニングの時期と方法、産婦人科からの訪問指導、市町村からの新生児訪問、こんにちは赤ちゃん事業、母乳育児の支援のあり方、乳幼児健康診査のあり方、育児教室のあり方、などがあります。これらについて、「誰が、いつ、誰にどのようにかかわるのか」という指針（ガイドライン）の作成をすることが「ヘルシースタートおおいた」の出発点です。

　「ヘルシースタートおおいた」の取り組みにより、「みる」「つなぐ」母子保健活動が可能になるとともに、圏域ごとに「ヘルシースタートおおいた地域推進専門部会」を開催することにより、地域の母子保健医療・福祉・教育の関係者等が一堂に会して、地域の親子の支援についての課題を検討する場（プラットフォーム）が確保されました。また、こうした取り組みを通して、ポピュレーションアプローチの重要性について理解が進み、すべての親子に「地域がお子さんの誕生を心から歓迎し、皆で子育てを支援しますよ」というメッセージを届けることの重要性について．共通理解が得られたことも大きな成果です。

　また、「ヘルシースタートおおいた」を実施する地域の中で、この事業を開始することで、行政のこれまでの縦割り事業が整理統合されるだけでなく、これまで接触する機会の少なかったそれぞれの業種の人々が、妊婦および子育ての支援について真摯に話し合い、問題認識や目標を共有することができることも大きな成果のひとつで、今後の日本の子育て支援のありかたを示す事業となっていくことを期待するものでした。

3）「ヘルシースタートおおいた」におけるハイリスク対応（図表6）

　さて、ハイリスク事例については、「大分県ペリネイタルビジット事業」と合同で行う「ペリネイタルリスクアセスメント委員会」において検討が行われ、事例への適切な援助の方針の検討や策定が行われています。

　各市町における「ヘルシースタートおおいた事業」において、ハイリスクが心配される例は、月に1回開催される「ペリネイタルリスクアセスメント委員会」で検討されます。同委員会には、産科医・小児科医・精神科医・県の担当課・市町村の担当保健師・保健所・児童相談所等が参加し、産後うつや精神疾患などを含め多岐にわたるハイリスク事例の検討を行っています。

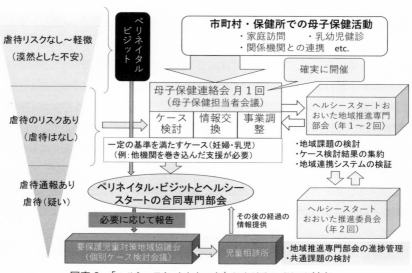

図表6　「ヘルシースタートおおいた」におけるハイリスク対応

保健師の訪問指導につながった事例は毎年100例を超え、市町村の保健師等にとっては、それぞれの専門家からのアドバイスを受けることができ、スキルアップの重要な機会にもなっています。対応が急がれるハイリスク事例については、専門部会開催以前に、産科施設や小児科施設が行政の保健師と直接連絡をとりあって迅速に支援を行う体制も作れるようになっています。このように、ハイリスクと思われる事例の掘り起こしと支援への橋渡しに、本委員会は大きな役割を果たしています。中でも特筆すべきは、この委員会は午後7時からの開催にもかかわらず、参加してくれる医療機関と県および市町村担当課職員の熱意に大きく支えられていることで、全国に類を見ないことです。

4) 「ヘルシースタートおおいた」におけるハイリスク妊産婦に対する 対応の強化

　2015（平成27）年度に改定された「健やか親子21（第2次）」では、10年後にめざす姿を「すべての子どもが健やかに育つ社会」として、すべての国民が地域や家庭環境等の違いにかかわらず、同じ水準の母子保健サービスが受けられることをめざし、従来の「健やか親子21」で掲げてきた課題を見直し、現在の母子保健を取り巻く状況を踏まえて3つの基盤課題と特に重点的に取り組む必要のある2つの重点課題をあげていました。

　この中で、基盤課題Aとして「妊娠・出産・育児期における母子保健対策の充実に取り組むとともに、各事業間や関連機関間の連携体制を強化します。また、情報を有効に活用し、母子保健事業の評価・分析体制をつくり、切れ目ない支援ができる体制を目指します」、さらに重点課題2として「児童虐待の発生を防止するためには、妊娠期の母親に向けた情報提供等、早期からの予防が重要です。また、できるだけ早期に発見・対応するために新生児訪問等の母子保健事業と関係機関の連携を強くしていきます」とされるように、妊産婦ハイリスク例に対する具体的な対応が求められました。

　特に、重点課題2「妊娠期からの児童虐待防止対策」に関しては、虐待死児の半数近くを0歳児が占めているという現実から、これまでの虐待対策では改善できないとして、地域で取り組むべき喫緊の課題として大きな社会問

題となっていました。

　大分県における「ヘルシースタートおおいた」は、まさに「健やか親子
21（第2次）」の雛形ともいえる事業で、この事業の方向性には全国的に大き
な期待が寄せられていました。「ヘルシースタートおおいた」の推進により、
母子健康手帳交付時のアセスメント、エジンバラ産後うつ質問票（Edinburgh
Postnatal Depression Scale: EPDS　母親自身が質問項目を読み、自分の気持ちに最
も近い回答を選ぶという自己記入形式で行い、その点数がうつ病のスクリーニン
グに用いられると同時に、支援者が母親とコミュニケーションをとり、傾聴と共
感という基本的なメンタルケアを行うためのツールとしても用いられます）に、
児への愛着形成を評価する質問票や母親の子育て支援環境を評価する質問票
を加えた「3点セット」によるアセスメントが全県下で実施されるようにな
り、「みる」仕組みが強化され、ペリネイタルビジットを通して構築されて
きた産科医、小児科医、精神科医と行政とのネットワークがさらに強化され、
気になる妊婦についての情報が産科医から行政に提供されるようになり、
「つなぐ」仕組みが強化されました。さらに、すべての親子にライフステー
ジ毎に必要な情報をピンポイントで提供して、サービスの活用に「つなぐ」
ことができるようになっています。
　この時期、「ヘルシースタートおおいた」にさらに期待された点は、「ハイ
リスク妊産婦」に対応する「つなぐ」仕組みの強化でした。「大分県ペリネ
イタルビジット事業」では、県下18の市町のうち11市町（当時）の事業化
にとどまり、妊娠28週以降の妊産婦が対象であるので、県下すべての市町
における「妊娠初期からの切れ目ない支援」さらに「妊娠期からの児童虐待
防止対策」に対しては、幅広くカバーすることは困難でした。「ヘルシース
タートおおいた」では、県下すべての市町が事業化し、妊娠初期からの妊婦
への対応も可能であるため、その機能を強化することにより、さらに手厚く
「みる」「つなぐ」仕組みが整備されることで、より包括的な「母子保健サー
ビス」さらに「妊娠期からの児童虐待防止対策」につなげることが期待でき
たのです。

5）ハイリスク妊産婦対応強化事項

（1）ハイリスク妊産婦（特にメンタルヘルス・ハイリスク妊産婦例）に対応する、「みる」「つなぐ」機能の強化

　これについては母子健康手帳交付時のアセスメントシートを新たに作成し、加えてエジンバラ産後うつ質問票・児への愛着形成を評価する質問票・母親の子育て支援環境を評価する質問票を加えた「3点セット」によるアセスメントが、全県下で実施されるようになり、「みる」仕組みが強化されました。

（2）妊娠初期からのハイリスク妊産婦に対する問題への対応強化の具体策

❶産科施設と精神科施設の連携・行政と精神科施設の連携の強化

　全国において、緊急を要する妊産婦、精神疾患を合併する妊産婦や産後うつなど、精神科医の専門的相談や治療を必要とする妊婦を、早期に精神科病院やメンタルヘルスクリニックへ紹介受診を依頼しても、予約制のため、診察が1〜2か月先となり早期の対応ができない場合や、妊婦であることを理由に診療を断られる場合が頻繁に発生していました。大分県においても同様の状況が頻繁にみられ、妊産婦の精神的トラブルに関して即応可能な精神科施設の協力確保をすることが重要で、そのためには精神科施設への妊産婦メンタルヘルス対応のコンセンサスの形成と、要対協構成員としての登録を依頼することは喫緊の課題でした。

　これについては、「大分県における周産期メンタルヘルスケア体制の整備事業（大分トライアル）」（後述）が、「ヘルシースタートおおいた」をベースに実施されることで、大きく前進しました。

❷行政のハイリスク妊産婦対応システムの整理と強化

①「大分県の児童福祉担当課」および「各市町の児童福祉担当課」の「ヘルシースタートおおいた」への直接的関与を高める。

　　これまで県市町村ともに母子保健担当課と児童福祉担当課との連携は弱く、これを強化するすることで、縦割り行政の弊害を排除することが必要。

②養育支援訪問事業の「ヘルシースタートおおいた」への関与を明確にする。

　　行政の事業としてのハイリスク妊産婦対応事業は養育支援訪問事業です

が、県市町村においても連携の認識が明確ではありませんでした。

③「要保護児童対策地域協議会（以下：要対協)」調整機関（県内市町の多くにおいて児童福祉担当課）における「ヘルシースタートおおいた」への関与の強化。

　　このことによって、上記①②の改善が進みました。

（3）「ヘルシスタートおおいた」への要対協の積極的取り込み

　「要対協」におけるハイリスク妊産婦対応機能の強化が必要で、ハイリスク妊産婦に対応する地域の関連機関同士の情報共有をスムーズにし、「地域全体で対応する」というモチベーション形成が必要。

①すべてのハイリスク妊産婦例の要対協個別ケース検討会議における検討をスムーズに行う。

②「ヘルシスタートおおいた」における「ハイリスク妊産婦」の基準を明確に設定（医学的なハイリスクとは別の観点）して、関連する担当者の認識を共通の基準で連携する。

③母子保健担当課の要対協への連携強化

　　母子保健担当課をハイリスク妊産婦ケースの「主担当機関」として、アクセスを一元化する。

6)「ヘルシースタートおおいた」から派生した、周産期メンタルヘルスケア体制の整備事業「大分トライアル」

　メンタルヘルスに障害を有する妊産婦については、子育て困難や子ども虐待さらには妊産婦の自殺につながる例が多いことなどから、その支援の必要性が喫緊の課題とされてきました。しかし、産科施設や行政の支援事業においても、精神科施設との連携のシステムが整備されておらず、現状ではその対応に苦慮する例が多いことが全国的に問題となっています。

　大分県においては、大分県周産期医療協議会・大分県産婦人科医会を中心にして、2016（平成28）年度から大分県と協力のうえ、「大分県における周産期メンタルヘルスケア体制の整備事業（大分トライアル）」として、メンタルヘルスハイリスク妊産婦に対して、地域として適切に対応するためのシス

テム構築の事業を展開しています。

　「大分トライアル」では、「ヘルシースタートおおいた」をベースに、現在県内 40 施設以上の精神科医療機関および隣接する久留米市の 2 つの医療機関が協力医療機関として、妊産婦への対応に協力していただいており、全国に類を見ない「産科・精神科・行政の連携」が構築されています。

おわりに

　2008（平成 20）年度から開始された、母子が受けられる医療や保健福祉サービスである「ヘルシースタートおおいた」は、県内の母子が受けられる医療・保健・福祉サービスを統合した形で進化しており、この試みは全国に類を見ないものとして、今後も発展をし続けていきます。

（岩永 成晃）

《注》
1）Wessel MA : The prenatal pediatric visit. Pediatrics 32 : 926-930, 1963
2）Committee on Psychosocial Aspect of Child and Family Health, 1985-1988 : The Prenatal Visit. Guideline for Health Supervision Ⅱ. American Academy of Pediatrics, 1988
3）GJ Cohen, Committee on Psychosocial Aspect of Child and Family Health, From American Academy of Pediatrics: The Prenatal Visit. Pediatrics Vol.124 No.4 October 1: 1227-1232, 2009
4）石和俊：周産期小児保健指導（Perinatal Visit）．小児科臨床 63：1308-1317．2010
5）東保裕の介：ペリネイタルビジットの効用と問題点．小児内科 44（11）：1870-1875．2012
6）東保裕の介：ペリネイタルビジットスクリーニングからみた妊産婦ハイリスク事例スクリーニング．母子保健情報 67：51-57．2013
7）石和俊：母乳とくすりハンドブック．大分県小児科医会報 23：32-37．2011

OITAえんむす部
出会いサポートセンター

コラム

　少子高齢化・人口減少は全国的にも大きな課題となっています。日本の人口は2015年の国勢調査で1億2710万人となり初めて人口減を記録しましたが、この流れが続くと2053年には1億人を切るとの試算もあり、これをベースに大分県の人口を推計すると、現在の116万6千人（2015年国勢調査）が、2035年には100万人を切り、2100年には45万8千人になるとされています。

　人口増減に密接に関係する出生数について、大分県のこれまでの推移をみると、50年前（1970年）は1万7579人、30年前（1990年）は1万1631人、10年前（2010年）の1万72人を最後に1万人を切り、2020年は7582人で、わずか半世紀で半分以下となっています。

　このような状況を踏まえ、大分県では、少子化対策や子どもを生み育てやすい環境整備を進めるため、2009年度に「子育て満足度日本一」の実現を政策目標に掲げ、保育料の減免や子ども医療費の助成など子育て家庭の経済的負担の軽減をはじめ、地域子育て支援サービスの充実など様々な取り組みを行ってきました。しかしながら、少子化の流れに歯止めをかけることは容易でなく、既存の施策にとらわれず、あらゆる視点や角度から少子化対策に取り組む必要がありました。

　出生数にも影響をもたらす婚姻数も年々減少し、2015年の50歳時未婚率は男性が21.9%、女性が14.2%と、この35年間で男性は約11.5倍、女性は約3.8倍となっています。また、平均初婚年齢も2015年には男性が30.3歳、女性が29.2歳で、男女ともに1980年と比して3歳以上上昇し、未婚化・晩婚化の進行がうかがえます。これらの要因を国立社会保障・人口問題研究所が公表した出生動向基本調査でみると、独身にとどまっている理由は、男女ともに「適当な相手にめぐり会わない」が最も多かったこともあり、結婚を希望する若者の出会いや結婚を支援する取り組みへとつながっていきました。

　2018年6月、会員制による1対1のお見合いサービスを提供する「OITAえんむす部出会いサポートセンター」をOASIS21（大分市高砂町）に開設し

ました。当時、行政が提供するサービスとしては珍しいものであったかもしれませんが、都道府県レベルでは既に多くが同様のサービスを提供（2021年3月現在：26団体）していたため、センターの開設にあたっては、先行県の取り組みや運営方法など多くを参考にさせていただきました。

　センター開設から5年目を迎えましたが、これまでの間、親しまれるセンターづくりと会員の利便性向上のため新たなサービスにも取り組んできました。大分市以外にお住まいの方にも利用いただけるよう各地を巡回する「出張えんむす部」、会員所有のスマートフォンでお相手検索やお見合い申請ができる「スマホでえんむす部」、自宅等に居ながらオンラインで会員登録やお見合いができる「おうちでえんむす部」など。このような取り組みにより会員数は1788名（2022年5月8日現在）となり、人口10万人あたりの会員数は類似サービスを提供する自治体の中では第5位（大分県調べ）となっています。また、他県では一般的に男性会員の方が多い傾向にありますが、本県は男女比率がバランスよく概ね半々で保たれており、新たな出会いの広がりに期待を寄せるところです。

　センターを運営する中で最も喜ばしいのが会員からの成婚報告です。センター開設当初は、先行県の実績をわずかに上回る年間15組を目標としていましたが、これまでに108組（2022年5月8日現在）から報告を受け目標を大きく上回る結果となっています。うれしいことに最近はお子さんが生まれたと報告してくださる方も出てくるようになりました。

　センターを設置していなければめぐり逢わなかったかもしれないお二人の幸せを祈念しつつ、大分県は、引き続き、結婚を希望する方々の出会いを応援してまいります。　　　　　　　　　　　（大分県福祉保健部こども未来課）

・・・・・・・・・・・・・・・・・・・・・・・・・・・・

第3章

木もれび
（中津市地域子育て支援センター）

井上　登生

・・・・・・・・・・・・・・・・・・・・・・・・・・・・

はじめに

　1992年の『国民生活白書（平成4年版）』で、「少子社会の到来——その影響と対応」として少子化が初めて問題提起されました。これを受け、文部、厚生、労働、建設の4大臣合意のもと、1994年に今後10年間の取り組むべき基本方向と重点施策をまとめた「今後の子育て支援のための施策の基本的方向について」、略称「エンゼルプラン」が策定されました。エンゼルプランにおいては、これまで、夫婦や家族の問題ととらえられがちであった子育てを社会の問題ととらえて、政府や企業、地域が支援する必要があるとの基本認識のもとに、子育て支援の趣旨、基本的視点、施策の基本方向、7つの重点施策を定めました。この中で、保育所の量的拡大や多様な保育の充実等とともに、「地域子育て支援センターの整備」、「母子保健医療体制の充実」等が到達目標を設置した施策としてあげられました。

　1999年には、「少子化対策推進基本方針」（少子化対策推進関係閣僚会議決定）と、この方針の実施計画として「重点的に推進すべき少子化対策の具体的実施計画について」（新エンゼルプラン）が策定され、上記4大臣に加え、大蔵、自治大臣が加わり、目標値も拡大しました。

───────────────────

いのうえ・なりお　医療法人井上小児科医院理事長

　このような中、中津市では、1997（平成9）年4月から中津市の民間認可保育園である如水保育園に地域子育て支援事業（通称、なずな）が設置されました。中津市で1934（昭和9）年開設の小児科単科標榜診療所3代目の医者として1994年から院長となり、発達行動小児科学や地域小児科学を専門としていた筆者も当初より講演活動や研究会、相談事業などでかかわってきました。その中で本事業は非常に有意義な活動であることを感じるとともに、相談内容によっては地域の母子保健医療体制と関係の深い小児科医が共に話を聞き、支援する必要を感じていました。これらの経験から、当センターは中津市における2つ目の地域子育て支援センターとして、2003（平成15）年4月より医療法人井上小児科医院に併設されました。この事業は全国的に見ても幼稚園や保育園などの施設が開設しているところが多く、医療機関が開設しているところは稀です。したがって、当センターは他にはない、特色のある施設として、子どもたちや家族、地域の要望に応えられる施設をめざしてきました。

1. 森の家での地域子育て支援センター事業

1）目的
①当センターを中心に子育てにかかわる諸機関と連携し、養育者の子育て支援の場を拡大する。
②子育て家庭等に対する相談指導、地域の母子保健活動および特別保育事業への支援を実施することにより、地域の子育て家庭に対する育児支援を行う。（詳細は下記事業内容を参照してください）

2）事業内容
（1）子育て相談
　「子育てランド」や電話、面談において、保育士・医師などによる相談指導を行います。
　①子育てランド：子育てで悩んでいる人やお友達がほしい人・中津市へ転居してきた子育て中の人などが集まり、先輩お母さんの話を聞き、情報

　交換をし、お友達をつくり、また、ミニ講演会を聞く会を開催しています。

②**クラブ童神（わらびがみ）**：子どもとお母さんの遊び場を提供することを目的としています。基本的に、親子で自主的に遊ぶ時間を大切にして頂きたいと考え開催しています。

（2）胎生期・乳幼児期を通じた子育て支援

①低出生体重児を有する家庭支援、特に0～3歳児の育児相談指導および家庭教育講座などを行います。

②胎生期・乳幼児期を通じた**音楽教室「うたい聞かせの会」**：妊婦および乳幼児を有する養育者に対し、童謡を中心として専門家による指導を行います。

③**ベビーマッサージ**：RTA認定ベビーマッサージセラピストによる、乳児を対象とした母子相互関係の確立を主眼としたセラピー講座を行います。

（3）外国籍を持つ養育者への支援

　外国籍を持つ養育者に対して、わが国における母子保健制度（乳幼児健診、予防接種など）、および就学問題にかかわる相談指導を行います。必要に応じ、ロンドン大学で臨床経験のある理事長による夫婦間療法・家族療法も行います。（英語のみ）

（4）障害児の兄弟と家族に対する支援

　特に児童デイサービスを利用する子どもの兄弟と家族への対応を行います。

（5）児童養護問題に対する相談指導

　不適切な養育（マルトリートメント）に陥る可能性のある家族および中津市内の児童養護施設の入所児（就学前児童を中心に）への相談指導を行います。

（6）子育て支援にかかわる講演会・ワークショップの開催

①地域住民や子育てにかかわる関係者を中心に開催します。

②**中津市母子保健事業・養育支援家庭訪問事業研究会**（3か月に1回、市町村保健師・保健所保健師が対象）、**中津小児発達研究会**（2か月に1回、保育士・放課後児童クラブ指導員・市町村地域医療対策課および子育て支援課職員などが対象、2021年現在休会中）、**中津スペシャルケア研究会**（原則毎月、要保護児童対策にかかわる諸機関が対象）、**特別支援教育事例検討会**（原則毎月、学校教諭・教師、市町村教育委員会担当が対象、2021年現在事例があるときのみ開催）を筆者がスーパーバイザーとして開催しています。

（7）子育て支援情報提供

　毎月情報誌の発行を行い、積極的に情報を発信するとともに、情報交換の場を提供します。

（8）子育て支援にかかわる諸機関との連携

　①保育所などに出向いて子育て相談を行います。

　②子育て支援課を中心に中津市内の子育てにかかわる諸機関との情報交換の場を提供します。

3）具体的な事例

　下記の事例は、主として当院理事長（筆者）が直接関与した事例を示し、個人が特定できないように、あらかじめ年齢・性別・内容など趣旨がずれないような程度に変更しています。

①**Aちゃん**：養育者自身の被虐待体験がベースにある子育て不安のケース。このような養育者の場合、いきなり虐待予備軍（ハイリスク群）として、特別な時間をもうけて対応すると、逆に、フラッシュバックなどを中心とした問題行動が悪化する恐れがあるので、基本的に一般小児科外来で通常の対応をしながら、母親の状態に応じて話を深めていく対応が必要となります。

　母親の訴える子どもの症状（湿疹、摂食行動、睡眠、かんしゃく、ぐずりなど）への対応の仕方を伝え、できたときにほめていく方法で対応します。

同時に、診察はしなくても、気になるときは電話相談として受け付け、対応する看護師を専任としてもうけ、理事長と専任看護師のみで対応することで、ちょっとした説明のニュアンスの違いで不安を増大させる母親に対応します。母親の不安が大きいときは、一日に何度も電話がかかってくることもありますが、これらは保険診療では対応できず、すべて無償で行っていますので、子育て支援事業での対応としてカウントします。

②Bちゃん：5歳女児。知的障害のある母親。高齢出産。子どもは1人。近所の小学生複数から、「きもい」「バカ」「きたねえ」「うざい」などと母親自身がからかわれ、石を投げられたりしてパニックになりました。近所の人（当院の患児の母）が、見かねて介入、相談に乗ろうとしましたが、「どうしたものだろうか？」と相談がありました。双方とも、当院で子どもが乳児期より診ている家族でしたので筆者が介入し、対応を決定しました。近所の人には、「必ず理事長（筆者）に相談するように伝えてもらい」、連絡があれば専任看護師が対応、理事長が必ず診るようにしました。

③Cくん：現在、生後9か月。母親、強迫性症状、過剰不安を中心とした神経症。中津市地域医療対策課保健師とも連動して支援中。この母親の場合、より一般の環境の中でケアを続けた方がよいので、あえて子育て支援課とせず、一般乳児健診や保健師訪問、当院外来などでケアを続けています。この母親の対応も理事長と専任看護師で対応しています。

④Dくん：7歳男児。母親が第3子出産直前で死産。もともと不安の強い男の子。出産前も健忘のような症状で相談を受けていました。今回のエピソードの後も、本児がパニックになり当院受診の形をとろうとすると、「病院にかかるほど悪いのか？」ということを本児が心配するとのことでした。本児も乳児期から診ていましたので、理事長も状況がよく理解できるため子育て支援での対応としました。

⑤Eさん：6歳女児。関西近辺在住。母親と生活できない（おそらく虐待、も

しくは服役？）ため、中津市の母親の兄姉がケアをしていました。事情も全く言わず、困ったとき、祖母や母親の妹が連れてきますが、症状はわからないと言います。住居地が特別な地域でもありますので、行政からの一気の介入はかえってマイナスで、一番の目標を、「困ったときに連れてくる場所としての当院の確立」として対応しました。本家族も専任看護師を決め、対応に一貫性を持たせるようにしました。周囲からの情報を収集しながらケアを続けました。

⑥Fくん：1歳4か月男児。養育者のポリシー（ある団体で研修している）で、子どもに予防接種も投薬も基本的にさせない。医療ネグレクトの重症型にならないように、養育者の主張も受け入れながら徐々にケアを続けました。現在、理事長の指示があるときは、必要最低限の内服は行うようになっています。このような家族は地域での孤立が進むことが多く、そこから養育者が意固地になってくると、児童相談所の介入が必要になることもあるので、他機関を通して連携を進めながら社会的孤立を極力抑えるための支援を継続しています。

⑦Gくん・Hくん：2歳11か月。中津市の超低出生体重児の双子。出生時より大分市の病院にてフォロー中。大分市の病院での経過観察が中心で、中津市管轄の保健所でのフォローも1歳前で終了。その後、中津市の乳幼児健診、その他のフォローは一切無く、中津市内の内科受診時、当院に相談することを勧められ来院されました。中津市の子育て支援システムの紹介、病診連携による中津市民病院小児科の利用の仕方の説明、その他の子育て支援情報の提供を行いました。担当看護師および保育士を決め、心配があったとき直接その看護師あるいは保育士に連絡をとれば、まず相談の窓口になることを確認しました。2回の相談後、森の家（コラム参照）および近隣児童発達支援センターでの療育を開始することになりました。

⑧Iくん：6歳1か月男児。以前当院を受診していましたが、現在かかりつけは他院。就学を直前に控え、中津市の特別支援教育の判定受診に消極的な

ため相談に乗りました。状態としては高機能広汎性発達障害が一番考えやすいのですが、母親の障害受容が全くできておらず、「このまま普通学級で生活したい」と強く希望されました。母親のみのひとり親家族で姉と2人兄妹。母親の話を聞いたうえで中津市の特別支援教育担当とも協議し、とりあえず母親の希望に沿う方法で対応し、現在は森の家のケアにつなげつつあります。

⑨Jくん：0歳1か月男児。低出生体重児。出産後母親が不安定となり、体重増加不良で中津市民病院小児科受診。母親の体重は妊娠中も35kg以下推移しており、あとで母親の拒食症がはっきりしました。母方祖母の話では思春期よりやせ傾向があり、専門医が診れば明らかに拒食症であるがどこにも医療機関に相談していないとのこと。生理も止まっていたりしたので、本人も含め妊娠しないと思っていたところ、急な妊娠となったそうです。中津市民病院小児科の保健師との連携で、現在、「私が食べんき、赤ちゃん小さかったんやろうな」、「赤ちゃん小さかったけど、ちゃんと生まれてきたんやから、私が今から、ちゃんとせんといけんな」などの言葉が出てきつつあるので、今後も慎重なケアを継続しながら支援は続きます。先々は、子育て支援課にもつなぎ、育児支援家庭訪問事業の中でのケアも必要と考えています。

⑩Kさん：2歳0か月女児。父親を突然癌で亡くしています。母親が不安定となり、父親も採血で癌が見つかったので、この子も採血を定期的にしなければ心配であると訴えました。母親が父親の病気の告知とその後の経過で受けたトラウマのケアを理事長が行っています。このようなとき、ただ単に母親の考えはナンセンスであると否定するのではなく、必要最低限の検査（年に1～2回程度、感染症で採血するときなどに）をしながら母親を安心させ、徐々に通常の考え方ができるようにする必要があります。初期の対応を間違うと、虚偽性障害などの問題を引き起こすことがあるので、慎重に行っています。

【事例総括】

　ある時期の４か月間で実際にかかわっている代表的な事例をあげています
が、その他にも、うつ傾向のある母親４家族、中津市民病院小児科の事例の
スーパーバイズ（他機関との連携の一環として、無報酬で行っているので子育て
支援事業での対応としてカウントしている）、保育所３施設、教育委員会特別支
援教育関係の就学前の相談（従来の適性就学指導委員会への相談に乗っておら
ず、入学すると問題が起こりそうな事例への相談）など、専門的な知識や技術
のいるものを、地域子育て支援拠点事業の医療型として、活動を続けていま
す。

　中津市の場合、如水保育園が地域子育て支援センターとして当院より先に
活動されていて、その活動を理事長が毎年支援しながら、このような医療型
のケアも必要ではないかと考えました。保育所型の地域子育て支援センター
での気になる親子の事例と比較すると、役割が異なることが明白であると思
います。

　今後、「こんにちは赤ちゃん事業」が進み、「重度の子ども虐待から、軽度
を区別するのではなく」、「より健康な集団から気になる家族を早めに支援す
る視点でのケア」を始めますと、必ずこのような形の地域子育て支援セン
ターが必要となると思います。

2. 医院（小児科診療所）と支援センターとの連携について

　以上述べてきたことを踏まえると、「医院と支援センターの連携」で重要
なことは次のようになります。

　通常の小児科単科開業診療所における保険診療においては、３分診療とい
う言葉に象徴されるように、短い時間の中で多くの患児を診ることが多くな
ります（もっとも、最近では新型コロナウイルス感染症の影響で外来の様子は一
変してきましたが）。このような形態では、子どもとその家族の生活場面や親
子の相互関係を直接知る機会が限られてきます。子どもが泣いてばかりいる、
寝ない、食べない、子どもとうまくいってない気がする、どうやって育てた
らよいかわからないなど、外来で養育者が訴える多くの問題を理解するには、

子どもと養育者の相互関係を直接観察し、他者とのコミュニケーションをどのように構築していくか、子どもの発達段階の評価、養育者の評価など様々な多角的な観察が必要となります。また、子どもが生活する保育所や幼稚園、学校などでの行動パターンなどを知ることもとても重要となります。

　このようなとき、支援センターなどが併設してありますと、子どもと養育者だけ、少人数の親子グループ、大人数の親子グループ、同じような悩みを持つ親子グループなど様々な形態の場面で、子どもと養育者の関係を評価できます。また、子どもの家庭以外の生活の場との連携も日頃の研修会や相談会などで構築できていますと、困ったときに電話一本でも顔の見える連携が可能となります。このような切れ目のない・顔の見える連携により、「子どもが泣いてばかりいる」という主訴で来院された親子の真の問題を解明し、より有効な支援をすることが早い段階から可能となります。

おわりに

　2004年、2010年、2015年に続く第4次の少子化社会対策大綱が、2020年5月29日に閣議決定されました。加えて、1947（昭和22）年の成立以後、初めての抜本改正となった2016（平成28）年度改正児童福祉法の理念に基づき成立した成育基本法も動き始めました。今後、子どもの最善の利益の維持を念頭に、家庭養育優先の原則、市区町村・県・国による子ども家庭の支援体制提供等を考えながら、地域子育て支援事業を考えていく時期に入りました。「子どもや養育者のニーズ」や「地域の実情に応じたきめ細やかな取組」をしっかり把握しながらも、地域差をなくすための最低限のサービスの保障を維持するために、改めて、医療・保健・福祉・教育の顔の見える連携・協働（連動）を実践する時がきました。中津市で30年近く継続してきた子どもの安心・安全の維持とその養育者のための支援供給体制システムづくりを中津市母子保健事業・養育支援訪問事業研究会と中津スペシャルケア研究会等を中心とした多くの仲間たちとともに発信し続けていきたいと思います。

《文献》
1）井上登生：大分県中津市〜医療機関が開設している中津市子育て支援センター
「木もれび」．平成25年度地域における子育て支援に関する調査研究報告書：
119-129，2014：本稿は、内容の多くを文献1）から引用している。
2）井上登生：現在開業小児科考．大分県小児科医会会報7：38-40，1995
3）井上登生，他：大分県中津市における母子保健システムネットワークづくりに
ついて；特にグレイゾーン・maltreated child の取り扱いを中心に．大分県小児
科医会会報9：31-34，1997
4）井上登生：心と身体を統合した小児医療．小児の精神と神経39：295-303，
1999
5）井上登生：子どもの心の問題に対する診療現場での対応．日本小児科医会第1
回「子どもの心」研修会後期講演集1999：89-106
6）井上登生：子どもの心に影響を与える学校・地域社会の問題．小児科臨床54：
1103-1110，2001
7）奥山眞紀子，氏家武，井上登生編：子どもの心の診療医になるために．東京：
南山堂，2009

森の家と
中津市内の地域子育て支援拠点

　福岡県との県境にある大分県中津市は、2021年12月現在、人口約8万3千人、出生数は年間約700人です。森の家は1998（平成10）年10月に井上小児科医院が新築移転したことをきっかけに、厚生省（当時）の心身障害児デイサービス事業と一緒にして中津発達行動相談室として始まりました。

　当院の見取り図と内部の写真を示します。医院全体の総面積は471.00平方メートルで、発達行動相談室専用の面積は224.74平方メートルです。建物のコンセプトは児童館のイメージとしました。周囲の既存の家並みにも配慮し木造平屋建てとし、憩いの家となるよう心がけています。入口は3段ほどの階段のある一般入口と車椅子でも入れるスロープのある入口の2つとしました。中津発達行動相談室は同じ建物の南側にあり、診療部と両翼の形で位置します。広めの訓練室に、カウンセリング室と個別訓練室、箱庭療法室、ならびに地域ふれあい室があります。ドアはほとんど引き戸となっています。当院で継続していた中津市の子どもデイサービス事業は、地域における発達

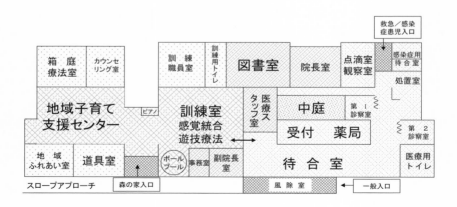

井上小児科医院見取図

障がい児の療育システムの変更にともない2013（平成25）年3月で終了し、代わって4月より居場所作り事業を開始しました。それにともない、子育て支援拠点事業の内容がさらに増えてきました。

　2021（令和3）年12月現在、中津市の地域子育て支援拠点は8か所となり、中津市教育福祉センター内、民間保育所、小児科医院、企業型、福祉保健センター内、高齢者施設等、6つの多様な機関に併設されました。加えて1964（昭和39）年に九州で初めての子ども図書館として開設された童心会館が2019（平成31）年に中津市村上記念童心館としてリニューアルオープンされ、思春期の子どもたちに対応できる施設として開設されました。さらに、屋根付きの遊び場がほしいという住民の強い要望に応えて中津駅近くの商業施設内に「なかつ・こどもいきいきプレイルーム」が開設され、現在、8つの施設が子どもたちや家族のニーズにあわせて事業を展開しています。

（医療法人井上小児科医院理事長　井上 登生）

《資料》
なかつ子育てサポートBOOK（令和2年3月：改定第3版）：https://www.city-nakatsu.jp/doc/2015060900069/

井上小児科医院の内部

・・・・・・・・・・・・・・・・・・・・・・・・・・・・・・・・・・・・

第4章

家庭訪問型子育て支援事業 ホームスタート

土谷　修

・・・・・・・・・・・・・・・・・・・・・・・・・・・・・・・・・・・・

はじめに

　この章では、英国発祥の家庭訪問型子育て支援事業「ホームスタート」について、大分県で日本最初の試行が行われたきっかけとその効果や課題、そして今後の展開などについて実践を踏まえた視点で報告します。

1. プロローグ

　今まで元気に、やしの実ひろば（地域子育て支援センター）に来ていたママと子どもの顔が見えなくなってしばらくたっていました。センターの職員たちが気にし始めて「どうしたのだろう？　何か私たちに不手際があったのだろうか」など話に出るようになっていました。センターに来なくなって一週間ほどのことですが職員にとっては気がかりなことでした。連絡先がわかっていたので電話をしてみると、ママは、体調が悪いわけではないがセンターに出て行くことに足が進まない、みんなに会う元気が出ないが誰かと話をしたいとのことでした。子ども2人を連れてどこかに行くよりはおうちに来てくれた方が都合がよいとのことで、センター職員が2人でおうちにおじゃま

つちや・おさむ　NPO法人ホームスタートジャパン／社会福祉法人三重福祉会すがおこども園園長

することになり、訪問をすることになりました。ママはおうちで子どもたち
のお世話や家事をしながら忙しく過ごしていました。ただ、毎日が忙しく過ぎ
ていくだけで、自分の時間やゆっくり話せる相手もいないまま気持ちが煮詰ま
っていたようです。パパはママに協力的な方ですが、仕事の都合上、朝早く出
て夜遅く帰宅するために、十分に話をする時間もとれなかったようでした。2
時間くらいの訪問で、ママは心の安定を取り戻したようでした。家事の手伝い
や特別なアドバスをしたわけではないのに、ただママが話したかったことを聞
いただけなのにママが元気になってくれたことに、職員は喜びと、少しの驚
きと、そして必要があれば家庭を訪問することの大切さに気づいていました。
その後、元気を取り戻したママは再びセンターに来てくれるようになりました。
　家庭訪問に効果を感じた私たちは、支援センターで家庭訪問をしよう！
と思い立ち、プロジェクトを立ち上げ家庭訪問のチームを作りました。保育
士、看護師、栄養士が市内の乳幼児のいる家庭を訪問し子育てのアドバイス
をするというものでした（今から見れば、専門職による上から目線の支援とい
うかたちでした。本当のところ、何がママを元気にさせたのかに気づいていなか
ったのです）。チームもできて移動用の車両も準備できましたが、はて、私
たちはどこに行けばいいのか、対象となるおうちはどこにあるのか全くわか
りません。そうだ、市の保健師さんに聞けば全戸訪問をしているのだから行
き先はわかる。聞いてみよう。ということで市の方に事業の説明をしました
が、家庭訪問の大切さは認めていただいたものの、家庭についての情報は得
ることができませんでした。立ちはだかったのは個人情報と守秘義務という
壁でした。肩を落とす私たちに保健師さんたちは、全戸訪問についてきて、
そのうちから家庭訪問につながる対象があればやってみたらどうかと提案し
てくれました。何度か保健師さんたちの家庭訪問に同行させていただきまし
たが、私たちの家庭訪問につながることはありませんでした。私たちは、保
健師さんたちと同じ行政のサービスの一部と思われていたのでした。また、
市が主催する子育て支援センター交流事業などで子育て中の親子に接する機
会もありましたが結果は同じでした。私たちの時間と労力をつぎ込んだチャ
レンジは頓挫したのです。あきらめるか、方法を変えなければなりませんで
した。2008年4月のことでした。

2. はじまり、大分のホームスタート

　それからはというと、今ひとつこれだと言えるアイデアが浮かばないまま
に時が過ぎてゆきました。支援センターを運営している同胞にとっても、家
庭訪問は子育て支援サービスのセーフティーネットの目を小さくできる活動
だと理解していても、その手段を思い浮かばないというのが現実でした。必
要な時に必要な家庭に支援を届け、応援するやり方は無いものだろうか、で
きないのだろうかと思う日々が続いていました。

　2008年6月、私は県保育連合会の勧めにより横浜での研修会に参加しまし
た。その際、会場で出張販売をしていた書店で、一冊の本に目が止まりまし
た。『ホーム・ビジティング　訪問型子育て支援の実際――英国ホームス
タートの実践方法に学ぶ』（西郷泰之著、筒井書房、2007年）。その本に書か
れているのは、地域力に根ざした無償のボランティア活動による家庭訪問の
やり方でした。私たちが今まで実践してきたところの、支援する側の者とさ
れる側の者が対面する関係とは少し違う感覚のものでした。

　ホームスタートは1973年英国の小さな町レスターで、当時地域の児童福祉
司でボランティア活動をしていた**マーガレット・ハリソン女史**により始められ
ました。当時を振り返りマーガレットさんは、「マーガレット、おうちに来て、
お話を聞いて、と声がかかっていたのでおうちに行ってみると、子育てや家
庭での悩みのストレスで自分自身の力が出せない
でいるママたちが少なからずいました。彼女らの
話を時間をかけて聞き、家事を共にして、一緒に
子どもとかかわるうちに彼女らが元気と自信を取
り戻していく姿に接しているうちに、何が今まで
と違うのだろう、きっとそれは、私は傾聴をして、
共同をする。抑圧的な支援者ではなく彼女らと同
じ母親であったからでしょう。そして何よりも私
はオーソリティーの側にいなかったからだと思い
ます。私ができるのなら他の皆もできるはずと考

『ホーム・ビジティング
訪問型子育て支援の実際』

えレスターに小さな組織を立ち上げました。家庭の問題は家庭を出発点として解決したいということからホームスタートと名付けました」と言っています（2014年オスロにて、ホームスタートジャパンのインタビュービデオより）。また、**専門家だけでは地域の人たちが必要とする支援を提供することはできない。**

マーガレット・ハリソン女史

専門職と地域の人たちが一緒にできる地域に根差した支援が必要であることを訴えていました。マーガレットさんの活動は、すぐに英国中の注目を浴び現在300か所以上に広がり、その効果に注目した海外にも広がっていきました。

　日本には2006年に紹介され、国内での普及を促すために当時大正大学の西郷先生を中心にチームができていたものの、活動はされていませんでした。無償のボランティア活動ということ自体が日本に受け入れ難いのではということが、ネックのひとつであったと思います。ボランティアが来てくれるのか、家庭は見ず知らずの他人を家に入れてくれるのかなども懸念材料だったのです。国民の65％くらいはボランティア経験のある英国とは社会環境が違う日本では、当然のことだったでしょう。

　2008年6月、例の本を読みはじめた私たちは驚きました。そこには英国のホームスタートのやり方が詳細に書かれていて今すぐにでも実践できそうでした。重要な点は、無償のボランティア活動であること、素人性や当事者性を重要視すること、専門家による支援ではないこと、組織を作ること（この組織を**スキーム**と呼びます）、ボランティアのための養成講座を必要とすること、ボランティアを支援するための調整役（これを**オーガナイザー**と呼びます）などでした。訪問型の子育て支援に行き詰まっていた私たちにはもうこれしかないという思いで、関係者に連絡を取り直ちに始めたいとの旨を伝えました。そして翌月、東京で第1回目のホームスタート試行会議が行われ11月に全国4か所（大分県豊後大野市、熊本県城南町、東京都江東区、北区）での施行に向けて準備が始められました。日本で初めてとなる無償のボランティアによる家庭訪問支援の試行はたやすくはいかなかった地域もありましたが、私たちのスキームは市行政の応援をいただきました。試行を終え検証してみ

2008年11月、日本で最初となった
ホームスタートの訪問

て、日本でも実践できる、効果があるという感触をつかむことができました。また、大分県のように地域社会の結びつきが残っている地域にはホームスタートが根付く土壌があるとも感じました。私たちのスキームは、試行期間が終了しても訪問の継続を希望する家庭があったため、引き続き活動を続けることとなり、大分のホームスタートはこの時点で日本で最初に活動を開始することになったのです。

　翌年12月、試行結果を考察し英国のマニュアルを書き直し、ホームスタート日本版を完成させてNPO法人ホームスタートジャパンが正式に発足しました。

　この後、2014年大分県は県庁内に「大分ホームスタート推進連絡会議」を創設、子育て支援課（現、こども未来課）が担当部署となり県内のスキーム立ち上げと普及を促してしてきました。この10年間に大分県では12のスキームが、320人あまりのボランティアとともに600を超える家庭にのべ5000回の訪問を実践し、子育て満足度日本一を掲げる大分県の子育て支援サービスの網の目の隙間を埋める活動を続けています。また国内では103のスキームが、九州内では25のスキームが活動しています（2021年7月現在）（図表1、2）。

3. 待つ支援と届ける支援

　現在提供される多くの支援サービスのほとんどが行政を中心とした専門家支援によるものが主となっていますし、多くの利用者が利用しているため行政もそれに応えようと多岐にわたる事業を展開しています。このため子育て支援サービスは広く住民に周知され利用度が高く、事業としてはうまく進んでいます。既存のサービスでおよそ80％ないし90％の家庭に支援は行きわたっているかのようです。にもかかわらず、子育てにかかわる悲しい事件は後を絶ちません。この背景には、どうしても支援につながらない、つながろうとしない人たちがいるのです。サービスを完全に周知し、支援の網の目を極めて小さくすることはとても難しいことだと思います。でも、なんとかし

ないとこれらの家庭と子どもたちを置き去りにしたまま児童福祉が進んでいってしまいます。これでよいわけではありません。特に子育て中に起きるストレスの支援はタイミングがすべてで、その時のチャンスを逃すと取り返すため何倍もの時間を必要とし、時として遅すぎたりもします。その結果虐待

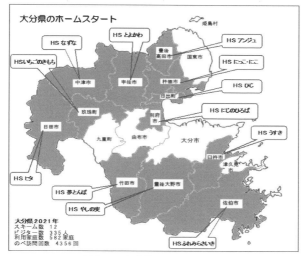

図表1　大分県のホームスタート

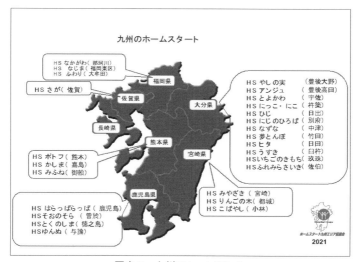

図表2　九州のホームスタート

や家庭内暴力といった事態に至ることを防ぐには、ストレスが抜け出していくような風の流れを作ることが必要です。ホームスタートの家庭訪問は家庭の風の流れを変える力があることが、活動を通してわかってきました。隣の誰かを応援すれば何かが変わってくるという地域社会の再構築を、地域行政と地域住民が協働する形で進める必要があります。

　今ある多くの子育て支援サービスは、「必要な人は来てね」といった待つサービスです。来られない人や来たくない人の中にこそ、問題を抱えて悩みの中で日々を過ごしている人がいます。この人たちを応援するためには「必要な人は来てね」という待つ支援ではなく、こちらから出向いていく「届ける支援」が必要です。アウトリーチと呼ばれる手法です。今あるサービスの中にもアウトリーチはあります。保健師さんの乳児家庭訪問事業などはよく知られた活動で、母子保健事業の重要なアウトリーチ活動です。必要な家庭に必要な支援を届けるには、専門職にだけ頼っていては到底間に合いません。また支援の機関やタイミングなどを考えると、専門職と行政だけでカバーすることは不可能です。今は多くの民間団体やNPOがありますが、子育て支援をアウトリーチで行う団体は多くはありません。ましてや研修を受けた地域住民による無償のボランティアのアウトリーチとなると、ほとんどありません。福祉におけるアウトリーチは、英国では一般的には「ホームビジティング」と呼ばれます。「ホームビジティング」自体は他にもありますが利用の用途が異なり、無償のボランティアさんが傾聴と協働を主たる活動とするホームスタートとは異なったものです。ホームスタートは「ホームビジティング」のひとつの形といえます。

4. ボランティアの養成と訪問

　ホームスタートではボランティアさんの募集と養成研修をしますが、募集要件は子育て経験や子育て支援経験のあることが条件で専門家であることは問いません。基本的に8日間の養成研修をすべて受講し、修了試験を受けたのちに認定ボランティアとなります（この時点でボランティアさんは**ホームビジター**と呼ばれます）。訪問を受ける側にとっても訪問をする側にとっても安

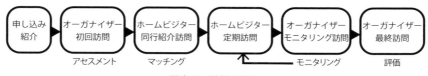

図表３　訪問の流れ

心安全の訪問が継続できるように、研修のシラバスは組み立てられています（研修シラバス等は品質管理項目としてNPO法人ホームスタートジャパンが管理しています）。訪問はオーガナイザーが最初に利用者宅の依頼を受けて訪問するところから始まり、ビジターさんの定期訪問につながります。その後は、4回の定期訪問ごとにオーガナイザーがアセスメント訪問をすることで訪問効果を確認しながらすすめる組織的な支援活動となります。訪問の基本的なパターンは**図表３**のようになります。

　ホームビジターによる傾聴と協働は、自分本来の力を取り戻すためのエンパワメントの効果をもたらします。押しつけの指導や応援ではなく、自己を取り戻すための過程にビジターさんたちは時間をかけて寄り添います。こうしてエンパワメントされた本来の自信は、日常の困難を自ら解決していく力になります。ホームスタートは、手を引いたり背中を押したりして立ち上がってもらうのではありません。立ち上がらせようとつかんだ手を離す人もいれば拒む人もいるからです。また、押したり引いたりして立ち上がってもらっても、支援する人がいなくなればまたその力を失うのです。ホームスタートが願うのは、自分で立ち上がってもらうことです。そのために、組織的な支援をツールとともに提供しています。大分県内で活動が始まって、すでに10年以上が経ちました。周知はといえばいまだに充分であるとはいえませんが、この期間にわかったことがあります。それは、大分のホームスタートの利用者数が出生数に比較して5％くらいではないかということです。潜在的には10％であろうとされますが、既存のサービスを利用しない人がすべてホームスタートを利用するとは限りません。ホームスタートの利用数が増えればいいというものではありませんが、ホームスタートのかかわりをきっかけに支援のネットワークにつながれば、家庭内の問題の重篤化を予防できます。ホームスタートの運営は、県内ではほとんどが市行政の委託事業として活動

を継続することができています。他県では一時的な補助金であったりNPO
の独自資金であったりして継続的な活動ができにくい地域もあることを思う
と、大分県の取り組みは先駆的でありました。無償のボランティアさんの訪
問といえども、スキーム運営には経費がかかります。時として費用対効果を
言う自治体があります。先日も福岡県のある市にて、ファミサポなどに比べ

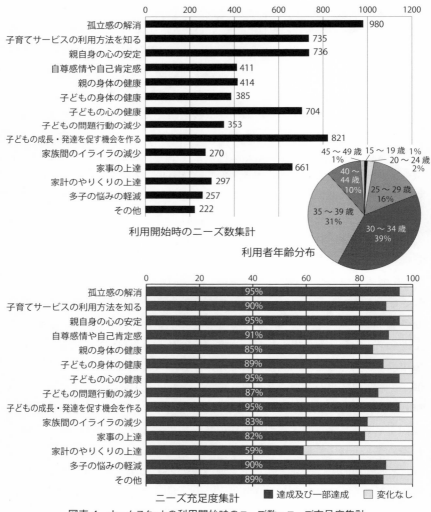

利用開始時のニーズ数集計

利用者年齢分布

ニーズ充足度集計　■ 達成及び一部達成　□ 変化なし

図表4　ホームスタートの利用開始時のニーズ数・ニーズ充足度集計

図表５　「ホームスタート　やしの実」の利用後アンケートより

1. 引っ越してきて親戚・友人・知人が身近にいない
2.（引っ越しや育休で）地域のことがわからない
3. 双子が生まれ、住んでいる近くに親戚や家族がいない
4. 外出する気になれず、かといって、ひろばのように大勢の人がいるところは疲れる
5. 子育てをするのが初めてで周りに知り合いもなく不安があったのと、家族間でもイライラが続き、何とか気持ちを落ち着かせたかった
6. 2人目ができたら状況が一変してストレスが倍増
7. 話ができる人がいなくて気持ちが煮詰まっている
8. 気持ちが沈みがちで家事も育児もやる気が起きない
9. 初めての育児で周りに頼れる人がいない不安感と、家から出られず毎日が抱っこで終わっていくことの閉塞感があり憂鬱な気分だった
10. 1人目が生まれたときアパートで2人きりでずーっと閉じこもって生活をすることをストレスに感じることがあった。誰かがそばにいて話を聞いてくれるだけで気分転換になるのになと思った
11. 子育てにかなり疲れ、どうにかなりそうだったから
12. 周囲に友人もいなく、主人の帰りも遅く子どもと2人きりで過ごす日々が続き子どもの生活すべてが自分の責任であるという重圧で逆に、大切なはずの子どもにイライラが向かっていた状況をなんとか改善したかったことと、誰とも会話のないさみしさに耐えられなくなっていた

ると費用対効果が不利だとの指摘を受けました。件数と事業費の上で比較すれば返す言葉もありませんが、費用対効果を別の視点で考える時、ホームスタートの訪問はストレス家庭の命を救うチャンスがあることをお伝えしました。子育て支援に積み残しをしたくない、子育てに優しい地域行政でありたいと考えるところに、地域力を活用してホームスタートは根付いていきます。

　ホームスタートのニーズと訪問終了後にいただいたご意見をグラフにしてありますので、参考にしてください（図表4）。

　訪問開始時のニーズで多いのは孤立感の解消や親自身の心の安定、子どものことなどとなっています。また、利用者の年齢も他の子育て支援業に比べ高くなっていて、70％が30歳以上でであることも特徴です。訪問終了後の充足率の集計をみてください。平均して90％以上が訪問の効果を感じています。なお、この集計は全国のスキーム情報が定期的にホームスタートジャパンに集められ作成されたものです。

　利用者のアンケートからその一部を表にしました（図表5）。利用のきっかけは様々です。気軽に、あるいは悩んだ末にホームスタートにたどり着いた経緯が感じられます。これらのアンケートは、訪問が終わったのちに利用者の自由意志によりよせられます。ほとんどの方が答えてくださり、個人や家族のウェルビーイングが改善されたことが私たちに伝わってきます。私たち

の訪問は素人性を重視した当事者視点での支援ですが、オーソリティー側に
いないボランティアの活動が効果もたらす場面を多く経験してきました。子
育てや家庭の問題で悩んだ時、誰かにそばにいてほしい時、「あの角を曲が
ればホームスタートがある」と言われるようになりたいと思います。

5. ホームスタートのこれから

　大分県で始まったホームスタートは10年を過ぎ、その活動内容もニーズ
の変化に対応しながら進化をしてきています。就学前の子どもがいる家庭に
訪問するだけでなく、学齢期全般の家庭支援を視点に置いた事業の展開が求
められます。ここでは、現在実施中の活動や今後必要となるであろう取り組
みを紹介します。これらはホームスタート＋（プラス）と呼ばれています。

1）産前産後の支援

　母子健康手帳を手にした時から、利用ができます。事前に研修を受けたビ
ジターとオーガナイザーが対応、訪問をしています。県下のスキームすべて
が取り組んでいます。産前からかかわることで産後の利用もしやすくなり、
産後うつなどにかかりにくくなります。また、県が推進している産前産後支
援事業も対象が産科や助産院だけではなく、産科や助産院等が少ない、ある
いは協力が得られにくいなどの地域が取り組みやすい仕組みを考えることが
必要で、ホームスタートなども使うことができると思います。

2）発達障がいなど特別に支援を必要とする子どものいる家庭の支援

　訪問経験のあるビジターさんに障がいに関してのフォローアップ講座を受
講していただいたのちに訪問をしてもらっています。県下のすべてのスキー
ムで実施中です。こらからは県内のペアレントメンターさんとの協働をして
いくことで活動の幅が広がると思います。

3）多胎児のいる家庭への訪問

　多胎児や、年子のいる家庭の中には子育てに多くの悩みを抱えている人た

ちもいます。ホームスタートジャパンと多胎児親の会との協働による訪問マニュアルが改訂され、全国で活動が始まっています。

4）外国人や外国籍の家庭への訪問

別府市などの外国人の多い地域での訪問が行われていて、県下全域に広がっています。言葉の問題や習慣の違い、英語以外の外国語の申込書の作成など課題はありますが、対応できる準備を整えています。

5）婚外子の親を支援すること

英国などのヨーロッパ諸国では婚外子出生数が高く、全体の出生数の半分かそれ以上という国もあります。これに比べ日本は2.2%（2012年）と低い状態です。結婚をしなくても子どもを産める選択肢がひらけており、支援を受けられる国ほど出生率が高くなる傾向があります。大分県が日本に先駆け、法律婚をしなくても安心して子どもを産み育てることのできるよう支援をすることで、子育て満足度日本一にさらに近づくことができると思います。英国では、ホームスタートによる婚外子支援が進んでいます。

生まれる命をみんなで支える
地域に支えられる10代のママと婚外子
英国 Home-Start Tamworth

おわりに

ホームスタートの活動はこれからも傾聴と協働を中心に、ニーズに合わせて幅広く実施されることになります。地域に求められる支援は地域で提供されるべきです。優しい地域であるために、行政や専門家だけではなく共に歩む地域住民でできる支援を多職種間協働という形で進めていくことが大切だと感じます。ホームスタートはその小さな一部分であり続けたいと思います。

コラム　いつでも子育てほっとライン

　大分県では、2010（平成22）年4月に「いつでも子育てほっとライン」を開設し、子育てに関するあらゆる悩みや不安などの相談に、24時間365日体制で対応しています。2021（令和3）年4月で12年目を迎え、令和2年度末までの相談件数は3万2150件にのぼります。これまでの統計結果をもとに「いつでも子育てほっとライン」について紹介します。

　初年度の相談件数は1134件でした。中には長時間になる相談も少なくなかったことから、相談される方の経済的負担を軽減し利用しやすくするため、2011（平成23）年度からはフリーダイヤル化しました。その結果、相談件数が2359件と倍増し、2015（平成27）年度には3628件と初年度の3倍を超える相談件数となりました。

　2016（平成28）年4月に電話相談窓口を備える児童家庭支援センターが大分市内に設置されたことにより分散化傾向がみられ、同年度は3064件とやや減少することとなりましたが、相談される方にとっては、いろんな相談ルートを選択できることは大きなメリットです。以降も毎年度3000件を超える多くの相談が寄せられています。

　相談者の内訳は、母親からの相談が約9割と圧倒的に多く、父親からの相談は2〜4%となっています。相談の時間帯別では、家族が出かけた後の午前8時過ぎと、子どもが帰宅して本格的に家事を始める17時頃にピークがあります。そして、約6割の相談電話が日中の時間帯であることなどから、子育てについて身近に相談できる相手がいないという母親が多数存在していることがうかがえます。

　電話相談の内容は、相談者の心情に沿って、A. 子育ての方法等についての問い合わせ、B. 子どもの発育やしつけ等子どもの心配事が主なもの、C. 保護者（特に母親）の子育てへの不安、家族関係、孤立感、疾病等、相談者自身の不安が主なもの、D. 緊急対応が必要と判断されるもの、に大きく分類しており、主な対応等は次のとおりです。

A. 相談全体の約3割で、救急医療機関や市役所等の他機関紹介や、子ども
の健康・成長過程等の基礎知識など必要な情報の提供を行っていま
す。

B. 全体の約2割で、相談員が保護者と一緒になって考え、子どもの心情
などについての助言をしています。

C. 全体の約5割と一番多くを占めています。内容が複雑な相談が多く解
決策を助言することが難しい場合もありますが、相談者の立場に寄り
添い傾聴し、慰め励ますようにしています。相談全体の平均相談時間
は、1件につき20分弱ですが、この分類の相談では長時間になること
が多く、リピーターも少なくありません。

D. 全体の1～3%。子どもへの虐待の通報や子どもの家庭内暴力から助
けを求める電話、DVによる母子の保護、経済的困窮による緊急保護な
ど、児童相談所の対応が必要と判断されるもので、相談者に積極的に
働きかけ児童相談所への相談を促したり、相談者に代わり児童相談所
に連絡するなどの対応を行っています。

24時間365日、夜間・休日を含めて"いつでも"できる電話相談。子育て
や家庭生活に不安が生じたときに何度も電話する相談者、子どもを叩きそう
になると電話をかけて気持ちの安定を保っている相談者、24時間対応の相
談先をネットで調べて相談してきた他県の母親など、本当に様々です。一人
で悩みを抱える人を一人でも多くサポートしたい、「話を聞いてもらって楽
になりました」「相談して良かった」との言葉、声にはならなくても少しほ
っとした気配や少し元気が出た気配が感じられる、これが相談員のモチベー
ションになっています。

（（元）大分県こども・女性相談支援センター副センター長　安藤 覚）

• •

第5章

アンジュママン
（多機能型子育て支援）

小川 由美

• •

はじめに

　NPO法人アンジュママンは、大分県豊後高田市で子育て支援の活動を行っています。2021年12月現在で、団体の活動は12年目になります。

　今回は私たちの取り組みの「多機能型子育て支援」に至る経過や内容、そしてその効果や課題、さらに大切にしていることなどをお伝えしたいと思います。

1. 成り立ち

　「子育て支援」という言葉はまだ歴史が浅く、この20年あまりで各地で広がっていったように感じます。豊後高田市も同様で、子育て分野は母子保健や福祉課の管轄でしたが、2004（平成16）年に子育て支援係が創設され、さらに同年、行政直営のつどいの広場「花っこルーム」が誕生しました。ここが私たちの始まりでした。

　初期のメンバーは、このひろばで子育てを通して出逢いました。

　「子どもを連れていく場所がない」「子育て中の人とつながりたい」とい

おがわ・ゆみ　NPO法人アンジュママン施設長

う思いを形に変えてくれたこの「居場所」の誕生に、私たちはもとより、多くの子育て家庭が喜んだことを思い出します。2021年12月現在から、18年前の話です。

　ここで子育ての話をしながら、子どもと共に親としてたくさん学び、成長させてもらいました。そんな拠り所であるここに「恩返しができたら」という思いから、子育てサークル「アンジュママン」を立ち上げ、同時に花っこルームの運営も行うようになりました。強みは当事者性です。ピアサポート（水平対等な関係）なかかわりは、共感性が高まり、また同じ悩みを抱えているのは自分だけじゃないということがわかって孤独感も緩和され、大変だけど前向きに子育てを行えることがメリットでした。ただ、活動する中でデメリットもまた感じました。「地域で子育て家庭を応援したい」という思いは、当事者だけで解決するのか？　そもそも地域にはたくさんの人がいて、たくさんの交流がうまれる仕組みや場所が必要なのではないか、さらには活動の責任などをもっと考えないといけないのではと思うようになりました。そこで子育てサークルという形からNPO法人化する方向性となりました。また地域の方に知ってもらうため、活動に賛同参画してもらうための「周知活動」にも力を入れました。地域のお祭りやイベントにも、積極的に出向きお手伝いをしたり、チラシを配ったり、子ども服のフリーマーケットをしたり。名前の由来はフランス語でアンジュ（天使）ママン（母親）で「天使のように優しくかかわっていこう」という思いからでしたが「安寿（あんじゅ）」と思われ介護施設と間違われたことも、今では懐かしく思います。

2. 活動内容

　つどいの広場事業（地域子育て支援拠点事業）に加え、保護者に代わってお子さんを預かる「子育て援助活動支援事業（ファミリーサポート事業）」そして「病後児保育事業」も市から受託をし、さらに活動が広がりNPO法人アンジュママンがスタートしました。

　特に病後児保育事業は、当時市内に小児科もなかった中での推進で、そもそもニーズがないのではとの声もありました。ただ、本市は保育園の入所率

が高く、働いている保護者が多い地域なので、特に「働きながら子育てをしている人を支えたい」という一心で活動を行いました。きっとニーズはあると。病院の先生方をはじめ地域の方など多くの方のサポートによりスタートできたことが思い出されます。実際に、核家族で子育て中の母親が「再就職の面接の時に面接官に『お子さんが体調を崩したら誰が面倒を見るのですか？』と聞かれ、答えられず不採用になってしまいました」と落ち込んで話してくれたことがありました。私は「そんな時は『病後児保育もありますし、いろんな子育てサービスを使います』って言い返しよ」と答えました。「ありがとうございます。次からそう言います」と、その母親は笑顔になりました。企業側も「より働きやすい環境作り」の努力もあわせて進めていってもらえたらと強く思います。

　子育てひろばはたくさんの交流が見られます。その中で、ちょっと気になるお母さんがいたり、最近ひろばに来なくなったお母さん、お子さんが、心配になることがありました。「何か訪問支援ができないかな」と思い行政と協議を繰り返し、大分県豊後大野市で「ホームスタート」という訪問型の子育て支援を行っている「すがお保育園」があることを知り、行政職員と一緒に訪れました。土谷修先生からこの「ホームスタート」のことをとても丁寧に学びました。地域のボランティアが無料で、子育て家庭を訪問し、傾聴と協働で、保護者のもともともっている力を信じてエンパワメントする内容でした。「素晴らしい活動だ」と感銘を受けました。すぐに行政やスタッフと協議をし、「家庭支援スタッフ訪問事業（ホームスタート）」を取り入れました。

　忘れられないエピソードがあります。
　申し込みは父親からでした。「妻は中国人です。私が仕事に行く時にいつも泣いています。仕事中も妻と子どもが心配です」という申し込みでした。私はそのお宅に訪問しました。
　中国籍の若い母親が、まだ小さい赤ちゃんを抱っこしながら迎えてくれました。

「赤ちゃん可愛いですね」と声をかけると、「ありがとうございます。そんなこと誰も言ってくれない」とのこと。「日本人は冷たい」とも呟きました。「中国では赤ちゃんが産まれた家庭にはいつも誰か来てくれて、母親が赤ちゃんを抱っこできないくらいたくさんの人がかかわってくれるのに、日本は誰も来ない。誰も声をかけてくれない。中国に帰りたい」と泣きながら話してくれました。私は事務所に戻り、どなたに訪問してもらうか考えました。そこで、専業主婦でお子さん4人を育てた「日本の母」のような、穏やかなボランティアさんにお願いしようと思いました。このボランティアさんもまた「自分は子育てしかしたことがないんですよ。資格も仕事をした経験もない私で大丈夫でしょうか」と、ボランティアになる際は話していました。今回の内容と母親の背景などをお伝えし「ぜひお願いします」とこの方に依頼しました。冬の寒い時でした。週に1回2時間程度の訪問を2か月行ってくれました。2か月後、再び私はその母親のお宅に訪問をしました。すると、そこには申し込みをした父親も同席していました。「ボランティアさんが来てくれてどうでしたか？」と聞くと、母親よりも父親の方が先に話し出しました。

「妻は中国の山の方の出身なので、魚をさわったことがありませんでした。僕は魚が大好きでしたが、そんなわけで食卓に魚料理があがることはありませんでした。ある日、仕事が終わり駐車場に着き車から降りると、煮魚のいい匂いがして来ました。「いい匂いだな」と思って自宅に向かうと、だんだんその美味しそうな匂いが強くなるんです。1階、2階と階段を上がって行くとますます強くなる。そして一番強く匂いがしていたのはなんと我が家の前でした。するとすぐに扉が開き「おかえり。今日はあなたの好きな魚を料理したよ。怖かったし、料理わからなかったけど、ボランティアさんと一緒に買い物に行って、一緒に作ったよ。あなたが魚大好きだから」と笑顔でうれしそうに話してくれました。あんなに毎日泣いていた妻が、こんなに笑顔で、そして僕のことまで考えて喜ばせてくれて」と、泣きながら話してくれました。母国から離れて寂しい気持ちに寄り添い、言葉も風習も文化も違う中での子育ての大変さを傾聴し、さらに何をしたいかどうしたら良いかを共に考え行動すること、このホームスタートのまさに真髄だったと思います。

この話には続きがあり、その後、産まれたばかりのお家や子育て中の中国籍の母親から、続けて3件の申し込みがありました。クチコミはやはり一番強い情報ツールですね。

おひさまひろば

　豊後高田市は、昭和30年代の街並みを観光名所にしたり、神社仏閣、豊かな自然などの魅力を発信したりしています。おかげで、観光客や移住者の方が増えています。

　その市街地にある大きな公園がリニューアルされました。公園は市民をはじめ、市外、県外からも多くの利用があります。

　この公園近くの市営の建物の一角に「おひさまひろば」という、いわばアンテナショップのような場所をつくりました。目的は「公園利用の際の休憩（おむつ替え、授乳など）、育児用品のレンタル」などがあげられます。この場所の開設も、行政と話し合いながら「どのような場所にするか。抜群の立地の中、公園利用者、特に子育て家庭はどうしたら便利が良いだろうか」と協議をし、またその時に「新しい公共事業」という国の施策があり、10分の10の補助金を出してくれるという事業があることを知りました。私と、当時の子育て支援係長と担当職員の3人で、コンセプトや目的、内容や展望など全力でプレゼンをし、見事補助金を勝ち取りました。おがげで今は「公園利用者観光客の憩いの場所」としてのみならず、公園を利用している子どもたちの「駆け込み所」のような意味もなしています。ケガをした、落とし物をしたなど、多くの子どもたちが来てくれます。ボールや三輪車などの遊具の無料レンタルもしていますので、よくパパたちがレンタルに来てくれます。さらに建物の隣は「ハローワーク」がありますので、毎週ハローワークからの最新の雇用情報をひろばに置くことができます。週末にひろばを利用する就労希望の方に大変喜ばれています。さらに、この公園は大きな特設ステージがあり、観光盆踊り大会やそば祭など、豊後高田市の一大イベントが開催される場所でもあります。その時は、夜もオープンして、特に子連れの方や子どもたち、高齢者の方などの休憩もしていただいています。この「おひさまひろば」は市民の「あったらいいな」を形にした場所だとも言えます。

ちなみに育児用品をたくさんレンタルしてくれるのは誰だと思いますか？
それは、おじいちゃん、おばあちゃんです。いつもは使わないけど、孫が帰
省する時は準備しておく。ゴールデンウイーク、お盆、正月はレンタル用品
は順番待ちになるほど人気です。

　私は、子育ては環境要因が大切でその最たるものは「人的環境」だと、こ
の活動を20年近く行う中でとても強く思います。誰かとの出会いやつなが
りで大きく変わる。

　子育て家庭の話をたくさん聴く中で、誰かに話をしてすっきりする人、他
の子育て中の方の話を聴いて参考にする人、専門の方と話した方がいい人な
ど、内容はそれぞれです。もちろん同じ人でも、その日によって変わったり、
子どもの月齢、年齢によっても変わります。そんな中、聞きたいことをどこ
の誰に聞いたらいいかわからない、そういう言葉もたくさん聞きました。子
育ての分野にも「ソーシャルワーカー」のように、地域資源を熟知し、必要
な人に必要な情報を届けるという役割が必要だと考えました。「利用者支援
事業」の子育てコーディネーターはその役割を務めます。このコーディネー
ターは、まさに「つなぐ役割」の人です。「困ったら花っこルームに行って
みよう」そう思ってくれたら最高です。

　このコーディネーターは利用者の意思を尊重し、専門的な見地から子育て
の分野のみならず、いわば「生活支援」を行います。これまでも住宅のこと、
介護のこと、学校のことなど、たくさんの相談が寄せられました。「子育て
家庭にはオーダーメイドで」と言われていますが本当にそのとおりです。一
人ひとりに寄り添い、本人意思を尊重しながら見立てをたて、そのオーダー
に合わせていく。利用者支援は今後特に大切な役割があると思います。ひろ
ばの中のソーシャルワーカー的な存在の重要性が、もっと広がってほしいも
のです。

「一時預かり事業」と「ママ家事サポート事業」

　2015（平成27）年に「子ども子育て新制度」が発足しました。
　この時の現状で特に多かったのは「レスパイト（休息）」の訴えでした。
先にも述べましたが、移住にも力を入れている地域なので、地縁血縁がない

人が急激に増え、在宅ワークや農業を主の収入にされた方もたくさんいました。そんな中「子どもが遊び慣れたひろばで預かってもらうとより安心だ」という声も多く上がりました。私は保育士の資格をもっており、また面積上でも条件をクリアしているということで、この年から「一時預かり事業」をひろばで行うことにしました。瞬く間に予約は埋まり、今も毎日預かりの予約が入るほどの大ヒット事業です。これこそ、昔はご近所さんやママ友などにお願いしていた、お願いできていた「ちょっとみてて」です。特にレスパイト後の保護者のお迎えの姿を見ていると、毎回ながらほっとします。「予防的支援」とはまさにこのことで、何かがあって子どももそして保護者も傷つく前に、できることがあるならば、こういう時間や取り組みは必要不可欠だと思います。あるデータで、「専業主婦とワーキングマザーの子育てストレス」をリサーチしたところ、専業主婦の方がデータは高かったというのは有名な話です。保育園にもそして地域にも、どこにもまだつながっていない、いわば無所属のママたち。これからも遠慮なく「ちょっとみてて」を言ってもらい続けてほしいと思います。

　「切れ目ない支援」という言葉もよく聞かれますが、実際はどうでしょうか。切れ目ない支援とは、子育てを行う中でこれまでプツンプツンと途切れていた支援をつなげないといけないといった意味合いだとすると、妊娠期のかかわりもまた不可欠です。

　これも現状を見てみると、ひろばを利用するお子さんは低年齢化し、1歳前後になると仕事に復帰する母親が増えてきました。「育休中ママの増加」です。また妊娠してからギリギリまで就労をする母親も増えました。そうすると、地域の子育て支援をあまり知らないまま出産し、新生児との生活が始まる方もまた多いと思います。さらに第一子をもった親が「赤ちゃんのお世話は我が子が初めて」ということもよく聞きます。こういった中で、この時期の支援で何かできないかを考えました。「介護ヘルパーを子育て分野でも取り入れたら」と思い「**ママ家事サポート事業**」と名して事業を作りました。これは国や県の事業ではなく市独自の事業です。「つわりがキツくて料理ができない」「沐浴に自信がない」など、依頼理由は様々ですが、この事業も妊婦さんや出産後の母親のお守りのような役割をしています。また利用後の

効果がこの事業は特に絶大です。例えば、ヘルパーにスタッフが行くと、その後、ひろばを利用しやすく思ってくれて遊びにきてくれたりします。そうすると、だんだんひろばにも慣れて多くの人とつながっていきます。「多機能型支援」の大きな特徴です。

多機能型支援

例えば、一時預かりの利用から始まった子育て家庭が、その後ひろばに来てくれたり、

反対にひろばを利用中に、一時預かりの様子を見て「子どもを預けたことがないけど、こういう感じで預かってくれるなら私も使ってみよう」と利用してくれたりします。

また、一時預かりの依頼を受けていたけれど、体調がすぐれず病後児保育にチェンジしたりとまさに子育て家庭のニーズを「オーダーメイド」で対応できることは、保護者からとても喜ばれます。このように「**多機能型支援**」は、利用者が子育てしやすさを感じる効果も大きいのです。

今後の課題

上記に述べました既存のサービス内容の再検討とそして人材確保が、今後の課題です。さらには、「今のニーズの把握」。特にコロナ禍での子育ては、今までの状況とガラリと変わりました。この中でのかかわりのあり方など、その都度検討しながら進めていかなければならないと思います。オンライン、少人数など工夫しながら、でも「つながりは切れないように」。

3. 大切にしていること

以上が、私たちが地域や行政と連携しながら取り組んできた足跡です。そして活動の真ん中にあるのはもちろん「**当事者ニーズ**」です。時代も変わってきました。特にこの子育ての分野は変化が顕著です。まだまだ発展途上だと思いますが、今の子育て家庭のニーズを現場でしっかり把握し、それを「**共に**」考えていく、届けていく、形にしていくということです。

　もちろんこれまで良いことばかりではありませんでした。「母親たちの集まりで何ができる」「NPO法人なんか信用がない」「田舎だから利用はない」「子育て支援なんて都会の話」「そもそも子育て支援が親を甘やかす」「昔から比べたら子育ては楽なはず」など、キリがないくらい。でも、そうでしょうか。確かに物理的には便利な世の中になったと思います。利便性も上がり、たくさんのツール（道具）がうまれました。でも、虐待件数は毎年増え、少子化の波は止まらない。私はこの現場にいて、「自分だったら」という自分ごととして捉えることを忘れないようにしています。要するに、「他人ごと」だと思うこと、自分のかかわり以外のことを考えないこと、想像もしないこと、つまり「無関心」が最大の壁だといつも思います。私自身もこの分野で活動させてもらいながら、多くの地域資源がたくさんあることを知りました。また、大分県や全国の取り組みもたくさん知ることができました。そして、心から尊敬するほど、全力で活動に取り組んでいる方々にもたくさん出逢いました。そのたびに、心があたたかく、豊かな気持ちになります。自分もまだまだ頑張ろうとパワーをもらいます。様々な領域にとらわれず、地域住民の「無関心」が減ることによって、地域が優しく、暮らしやすい町になると思います。「困っています」とSOSは言ってもいいし、むしろ「一人で抱え込まなくてもいい」というメッセージを、たくさんの人が、たくさんのかかわりの中で伝え続けることが大切だと心から思います。

　私たちは、現在25人のスタッフで上記の事業に取り組んでいます。到底、人が足りません。そんな時は「地域」に助けてもらいます。SOSを出します。すると、例えば「病後児保育」や「一時預かり」などは、看護師や保育士の資格をもっている地域の方が助けてくれます。利用者さんにも「私たちも地域の方に助けてもらって活動できているよ」と伝えます。いわばロールモデルです。困ったら「助けて」を言っていいこと、つまずいたら「痛い」と言っていいこと、「寂しい」と思ったら寄り添ってほしいと言っていいこと。そうは言っても、私もここまでの活動で、なかなかSOSが言えない時もありました。弱みを話すのは勇気が必要だからです。私自身の子育て中も「孤育て」をしていた時期もありました。だからこそ、今、子育てを頑張っているすべての人にエールを送り、またいつでもサポートしたいと強く思ってい

ます。

そして何より、「うまれてきてよかった」「自分は大切なかけがえのない存在だ」と、子どもたち自身に感じてもらうこと、「心の安定感の育ち」が本当に大切だと思います。

豊後高田市に花っこルームができて18年。0歳だった赤ちゃんが、今は高校3年生です。この場所が子どもたちにとって、そして保護者にとって「居場所」と感じてもらえるように、あたたかい場所であり続けたいと思います。

おわりに

この本をお読みのすべての人に伝えたいこと、それは「本気の姿勢」です。

人の心を動かすことの大きな源は「懸命な姿」だと思います。何かを進める場合、「なぜ必要なのか」「どうしたいと考えるか」などを、最も大切な「当事者の声」を反映しながら懸命に進めること。机上の空論はいりません。現場の人の声を大切に、たくさんの仲間、ファンコミュニティを作りながら、あらゆる分野の人とたくさん交流をすること。

町の商店街の人からこう言われました。「小川さん。買い物にきたお客さんで、子どものいる人がいたんで『子育てに困ったら花っこの小川さんのところに行きよ』っち、言ったけんな」と、笑顔で話してくれました。地域の中でみんな生活しています。地域の人がこのように伝えてくれることが、何よりありがたいしうれしいと感じました。これこそが「地域で子育て」だと感じた瞬間でした。地域全体が「意識」していくこと。そしてつなぐということ。こうした思いやりのあたたかい輪が大きく大きく広がることが、地域の中で共に生きる、まさに「地域共生社会」だと私は信じています。

「ふつう」の大切さ
──「子ども第三の居場所」プロジェクトから

　今日も「ただいま」と元気な声で、子どもたちが玄関に入ってきます。ウィズコロナの日々で、検温・手洗い・うがいが日課となりました。バケツに泡を立て自分の靴下を洗濯する光景も日常になっています。ここは子ども第三の居場所きつき拠点（大分県杵築市）です。地域の子どもたちのもうひとつの家として、<u>すべての子どもたちの居場所</u>をめざして実践を重ねています。

　ここで、私の所属するNPO法人について少しふれます。活動自体は1997年の自主活動に端を発し、2006年に法人化しました。放課後の子どもたちの見守りや、子育てに悩みをもつ親とのかかわり等、様々な活動を展開しています。2015年の子育て支援制度により、行政からの委託事業も増加しています。

　さて、「子ども第三の居場所」の実施にあたっては、開設1年前から研修・討議を重ねました。子どもの将来の自立に向けて生き抜く力を育むとはどういうことかを模索し、2019年4月の開設となりました。当初は一人ひとり背景の異なる利用者の対応に精一杯で、場当たり的な対応の積み重ねにて将来の見通しには及びもしない現実に、私たちの未熟さを痛感する毎日でした。それでも拠点で焼いたパンや多彩な食事を提供したときの利用者の笑顔に癒やされつつ、実践を重ねてきました。

　子どもの言葉や動きからは、一人ひとりの心の内や生活背景がうかがえます。私たちが「当たり前」と思うことを、多くの利用者が体験していませんでした。口癖のように「どうせ～」と言う姿、「ママは疲れているから」と我慢する姿が多く見られ、初めての食べ物は「お腹すいていないから」と言い食べませんでした。シャワーや歯磨き等も、多くの利用者にはそれが「当たり前」「普通」ではなかったのです。かかわる中で、<u>できないのではなくわからないのだ</u>と気付きました。

　拠点では、利用者が来たら当たり前のように「おかえり」「ただいま」のやりとりがあります。この「おかえり」の大切さを感じています。そして十分な量の食事を一緒に味わい、おしゃべりをし、体をきれいにして、「さよ

うなら」「おやすみ」「またあした」で、自宅に帰ります。この何でもない日常が今では宝物です。子どもの育ちは一朝一夕ではなく、振り出しに戻ってまた始めることの繰り返しばかりですが、笑顔で過ごせること、対等の関係で会話ができることは、子どもの自己肯定感につながり、必ずや将来の育ちに寄与するだろうと確信しています。

　ところで、当事業において特に念頭に置いたのはスティグマ防止です。同敷地内の児童館・放課後児童クラブの運営にも当法人が携わっていますので、3つの事業の利用者が交流できるように児童館・児童クラブ・第三の居場所を廊下でつないでいます。居場所利用者が廊下を通って児童館や児童クラブに行き、他校の子どもと一緒に活動している姿は、私たち支援者の学びとなりました。ルールやプログラム（体験・学習）も子どもたちと一緒に考え、それぞれの事業の目的は異なっても、誰でも仲良くできるゾーンとして運営しています。長期休暇には、日中は児童館やクラブを利用し、夕方になると「ただいま」と居場所に帰ってきます。私たちは普通に「おかえり」と応えます。

　この環境が、居場所利用の高校生の成長に寄与した事例があります。ボランティア活動として児童館利用者と一緒に遊ぶことを日課としたところ、子どもたちから慕われ本人は驚いていました。この体験が自信となり「○○したい」「嫌だった」等の意思表示ができるようになりました。

　また、兄弟児の1人の食物アレルギーにより兄弟揃っての利用に支障を来していた事例もあります。栄養の偏りや遊び場のない状況に「どうせ〜」という心の叫びがありました。そこで行政と連携し、栄養士や小児科医師による出前講座等で学びを深め、チームで検討しました。今ではメニューの工夫により内容に差異をつけず、同じものを兄弟揃って食べ、団欒を楽しんでいます。これは当該利用者の自己肯定感につながりました。

　今回、日本財団「子ども第三の居場所」プロジェクトに参加することで、表面化している困りの裏にある子どもたちの心の叫びに気付くことができました。事象としての「困り」ではなく、「その利用者」に目を向けて、一人ひとりの力を集結して仲間と一緒に、他機関と連携して取り組むという、地域の子育てコミュニティの本質を学ぶことができ、感謝しています。

　　　　　（特定非営利活動法人こどもサポートにっこ・にこ　小畑 たるみ）

学習指導員と子どもたち

　子ども食堂・勉強部屋・子どもの居場所「すみれ学級」を設立した当初から、学級に来る児童・生徒のうち約2割は、自宅学習の習慣が希薄で、また、人との接し方等に問題を抱えています。

●暴れる子ども

　食事の時、肘をついて食べる。スマホを見ながら食べる。肘を張って食べ、となりの子どもに肘を当て、けんかになる。食事が中断することもたびたびありました。

　指導員の注意をきかず、暴れる子どもは、仕方なく、抱きかかえて食堂の外に出すこともありました。その子どもは、しばらくすると、お腹が空いたのか、ドアのところに戻ってきます。再び食堂に入れ、改めて食事を出します。

　ある時、学生の指導員がたまりかねて「家でお父さんや、お母さんの前でもそんな食べ方をするの？」と聞きました。「僕には、お父さんはおらん。お母さんは、夜10時すぎないと帰ってこない。ご飯を食べるときは、いつも独り」との返事。

　「家族関係については、本人が話さない限り、こちらからは一切聞かない」ということをすみれ学級では決めていましたが、指導に困った学生は、思わず家庭のことを持ち出したのです。

　その日の会議で、その指導員は「思慮のない言葉で子どもを傷つけた」と報告しました。

●学生が考え出した指導方針

　指導員全員（大分大学経済学部学生が主ですが）で、改めて貧困家庭の児童・生徒の環境について、調査・学習を深め、すみれ学級での生活、学習指導のあり方を話し合いました。そして、子どもの自己肯定感を高める指導をするという基本方針を立てました。具体的には、第一に、子どもの話をよく

聞く、第二に、ほめるときはすぐほめる、第三に、子どものいいところを探してほめるという指導方針を確立しました。その努力は、中学生になった子どもが高校受験を迎え、2019年度は11人、2020年度は4人の全員が希望する高校に合格するといううれしい成果となり報われました。

暴れて、何度も外に連れ出されていた小学4年生の男子児童は、肘をついて食べている子どもをみると「ここでは、肘をついて食べてはいけない」と注意するようになりました。また、指導員に勉強をみてもらうために、宿題を持ってくるようにもなりました。

その男子児童は、母親が再婚し、赤ちゃんが産まれ、家庭での居場所がなかったようです。子どもの問題行動には必ず原因があると学生は言っていました。私は、あらためて、学生諸君の「感性」の鋭さと「知性」の高さに感銘しました。

●児童・生徒に寄り添う学生指導員

指導員の学生が卒業するので、お別れパーティーを開いた時のことです。3人の女子中学生が女子学生に、何か泣いて訴えていました。女子学生は「何かあったら私の携帯に電話して。私の就職先は福岡だから、帰ってくることもできるから」と話しているのが聞こえました。

後で「何事が起こったのですか」と聞くと、「あの子たちの家庭には問題があり、生理用品も十分に買ってもらえていなかったのですよ。いろんなことを相談する人がいないので不安なのです」とのことでした。

私は、若くして、児童・生徒に寄り添う大学生の愛情ある姿勢に感動を覚えました。

●すみれ学級における食事の提供

成長期にある児童、生徒が成長に必要なカロリーと栄養が保障されるためには、給食を含めてどれだけの食事が必要かと、小学校や中学校の養護教員や栄養士会に問い合わせました。

その結果、「学校給食があるので最低週3日、成長に必要なカロリーと栄養が提供されれば、児童・生徒の健全な発育が保障される。週1日では、決

定的に不十分だ」という助言を受け、<u>すみれ学級では、月、水、金と週3回、子どもたちへの夕食の提供をはじめ、また地域の要請を受け、朝食の提供も開始しました。</u>

　こうしたことは、本来は行政によってなされなければならないのですが、現状ではなされておりませんので、当面、<u>民間の私どもが行政と貧困世帯の隙間を埋める</u>という形になっております。

●進学教室

　高校受験のための塾費は、月2万円が相場で、年間24万円となります。この出費は家計を圧迫しており、実際塾に行かせたいけどお金がないということであきらめている家庭もあります。教育格差が貧困の連鎖にならないよう、すみれ学級では学習指導も始めました。

　現在、中学生の進学教室を2か所の学級で開催し、学生が個別指導を行っています。

　すみれ学級は、県内6か所で開催しています。そのうち3か所で、大分大学経済学部・立命館アジア太平洋大学・別府大学の学生、退職教諭が、学習指導員として子どもたちを指導しています。その中には、コロナ禍でアルバイト先を失い、すみれ学級でアルバイト（全員時給1200円）をしている学生もいます。

　すみれ学級で児童・生徒は、お兄ちゃん・お姉ちゃん（学習指導員）の指導により、確実に成長しています。と同時に学生は、大学では目にすることのできない「経済のひずみがもたらした現実」に目を開かされ、そのことを契機に、さらに現代社会についての考察を深めています。

　すみれ学級で学んだことを、児童・生徒は忘れないでしょうし、同時にすみれ学級で学習指導した大学生は、この経験をかならず社会に還元するでしょう。

　すみれ学級は、コロナ禍で消毒液・マスク等の出費がかさみ、財政は窮迫しておりますが、子どもたちのために、また、学生のために「すみれ学級」の「陽」は、灯し続けていきます。

（公益財団法人すみれ学級理事長　藤井 富生）

第6章

大分県
保育コーディネーター制度

飯田 法子・松田 順子・土谷　修・越智 芳子・五十嵐 猛

● ●

1. 保育コーディネーター制度とは

　現在、虐待や特別な配慮を必要とする子どもや家庭への支援体制の構築は、わが国の大きな課題となっていますが、子どもの日常において重要な役割を担っているのは、子どもを預かる保育士です。そのため、近年の保育士には、ひと昔前のように子どもを養護する仕事だけではなく、ソーシャルワークや保護者へのカウンセリング、障害児や虐待対応などの専門性が求められるようになりました。

　このような中、大分県は全国に先駆けて、2014（平成26）年から「保育コーディネーター」制度を導入しました。保育コーディネーターは園内の子ども家庭福祉に係る問題に関与し、他機関と保育園をつなぐ保育ソーシャルワークを行う役割をもつ専門的保育士で、この制度は大分県独自の制度で海外を含め、他に類をみないものです。

　大分県保育コーディネーターは各施設管理者（園長・所長）からの推薦を受けた保育士が、1年間7回にわたる養成研修を受けた後、県知事の認定を受けて（現在は大分県幼児教育センターの設置に伴い教育長の認定）、活動が開始されます。また、認定後は年4回程度のフォローアップ研修が実施され、

いいだ・のりこ　大分大学福祉健康科学部准教授／まつだ・じゅんこ　東九州短期大学特任教授／つちや・おさむ　社会福祉法人三重福祉会すがおこども園園長／おち・よしこ　別府発達医療センター児童発達支援センターひばり園園長／いがらし・たけし　大分県発達障がい者支援センター ECOAL センター長

地域での横のつながりが保たれるように工夫されています。

　現在、県内保育園等の8割以上において約700名の保育コーディネーターが活動し、7年が経過したところですが、保育コーディネーターには、以下の2つの目的を果たすことが期待されています（大分県幼児教育センターHPより）。

①発達障害や虐待など特別な配慮が必要な園児や家庭に応じた専門的な支援を行うこと。
②関係機関と連携・協働して、適切な時期に適切な支援につなげること。

　本章では、まずは、制度の成り立ち・保育ソーシャルワーカーとしての視点について述べ、次に、実際に養成研修で保育士に伝えている次の3点について紹介します。その1点目は、「特別な配慮を必要とする子どもに対して」の基礎的な知識や大切なこと。2点目は、大分県保育コーディネーター養成事業運営委員会が独自に開発した子どものアセスメントのための「レーダーチャート」の活用。そして、3点目は、「保護者支援」についてです。そして、最後に課題と展望について述べます。

（飯田 法子）

2. 大分県保育コーディネーター制度の成り立ち

1）背景

　近年保育所等には、特別な配慮を必要とする子どもが多く存在しています。乳幼児期は、発達基盤を形成する重要な時期であり、特別な配慮を要する子どもやその家庭に対する早期かつ適切な対応や支援が必要であることは言うまでもありません。このことから、大分県では複雑化、困難化する乳幼児や家庭のケースに対して、きめ細かな支援を行う保育カウンセラーや保育ソーシャルワーカー的機能を有するコーディネーター養成を、県の認可事業の一環として、取り組んでいます。

2）本事業の視点と基盤

（1）視点

　筆者は、大分県教育委員、大分県立高等学校スクールカウンセラーとして、大学で教鞭を執りながら経験してきました。また、中津市の要保護児童対策地域協議会の会長を児童虐待防止ネットワーク事業の設立当初から、小児科の井上副会長と共に続けています。その間多くの事例から思ったことは、乳幼児期からの人的環境の重要性が根底にあるのではないかということです。幼い頃より、集団生活を要する保育所などに預けられ、一日の大半を過ごします。それゆえ、個々人のきめ細やかな育児を受け負う保育士の子育て力の高い知見が必須です。子どもや養育者、そして、家庭が抱える問題が何かを正確にアセスメントし、家庭全体を支える視点が必要になるということです。

（2）基盤

　学校にスクールカウンセラーが配置されているように、保育所等にも専門的知見を有する人材が配置できないものかと、日夜、知事部局と交渉を重ねたものです。本当に意を共にする所長数名と、保育連合会との協力を得るまで、孤軍奮闘の日々でした。幸い、大分県の長計の中に「子育て満足度日本一」が揚げられており、スローガンは「大分県に生まれて良かった、大分県で産んで良かった。大分県で育てて良かった」という言葉です。このことを日本のどこよりも早く実現したいという思いで「大分県保育コーディネーター養成」を2014年から始めることができました。より付加価値の高いものとして、大分県内、全所、園へ定着させるため、資格を「大分県知事認可」としたのです（現在は大分県幼児教育センターの設置に伴い教育長の認定）。発足させるにあたり、公的機関のバックアップの重要性を再認識したものです。第1回保育コーディネーター養成研修は、2014（平成26）年6月26日にホルトホール大分で大分県と大分県保育連合会主催で始まりました。記念すべき第1回の講師は、共同執筆者の土谷さん、五十嵐さん、そして当時大分県中央児童相談所所長の荒木啓司さんでした。

（松田 順子）

3. 保育のソーシャルワーカーとしての大分県保育コーディネーターについて

　2018（平成30）年度より保育所の新保育指針と幼保連携型認定こども園の教育保育要領が改正施行され、双方の第4章に子育て支援が明記されました。教育に主たる視点を置く幼稚園教育要領にはこの章はありません。地域の子育て家庭の支援を含む形でのこの章は、保育所と幼保連携型認定こども園が福祉分野であることのあらわれにほかなりません。日常の保育の実践とともに地域支援をすることを求めているのです。

　保育士は園児とその家庭のウェルビーイングの推進のため保育という活動を通じて寄与してきましたが、主として目の前にいる子どもの日常の福祉が優先され、家庭福祉や地域福祉といった分野には目が向き難いのが現況です。0歳から就学前までの幼児の養護と教育を一体とする保育現場では、子どもの成長過程における変化をいち早く気づき必要な支援につなぎ、子どもと家庭の福祉の増進を図ることができる立場にいますが、実践として十分に機能してきたとは言い難いものがあります。この背景には、保育士が福祉専門職としての認識が薄いことだけではなく、周りが専門職として捉えてくれていないという実態がありました。

　このような背景の中で自分の保育を保護者や第三者に的確に伝えることのできる保育専門職を養成しようとして生まれたのが、大分県保育コーディネーター養成研修です。発達支援や家庭で生じる子どもたちへの不利益な環境を改善して子どもの権利を擁護すること、生きにくさを改善する手助けをすることはソーシャルワークの基本です。近くに支援する手立てがない場合はその手段を園内や地域の協働といった形で創設し、支援に結びつけることが大切となったのです。このような初動ができるのは、今のところ各園に在籍する保育コーディネーターしかいません。保育のソーシャルワーカーという職種は現在の日本にはありませんが、一般的な社会福祉士や精神福祉士にはアプローチしにくい子育て支援分野のソーシャルワークの専門職として、保育コーディネーターの今後の位置付けも必要になるのではないかと思います。

　全国に先駆け保育コーディネーターの養成研修を継続している大分県ですが、今後の課題として、県下に600人を超える保育コーディネーターの地域での活用を促進していかねばなりません。

　コーディネーターが在籍する施設には専用のステッカーが掲示されその存在を示していますが、十分に活用されていないというのが現実です。地域によっては行政の担当者の努力により先進的な取り組みが進められて保育コーディネーターに活躍の場が与えられていますが、そのような地域は多くありません。園に所属する保育コーディネーターは、保育現場を離れて地域の家庭支援を実践するのが難しいという現実があります。保育コーディネーターを機能させるためには、どうしても行動のための余裕を与えなければなりませんが、保育士不足等の理由で十分な活動がしにくい状況にあります。保育コーディネーターの配置を補助対象にするなど、保育コーディネーターが動きやすい対策を考えなければなりません。

　園においては指針と教育保育要領の第4章を担う大切な職員です。園での子どもと保護者と、そして地域の子育て家庭の支援を先駆けるものとして保育のソーシャルワーカー的な存在である大分県保育コーディネーターの養成とスキルアップは、養成研修委員会が引続き実施していきますが、周知と活用については県と地域行政の皆様のご支援をお願いするところです。

（土谷 修）

4. 特別な配慮を必要とする子どもに対して

　特別な配慮を必要とする子どもの中には、発達障がいの診断を受けた子どもとそうでない子どもがいます。診断の有無ではなく、保育者が気になる行動に対してどのようにアプローチするかが重要だと思います。保育コーディネーターとして、基本的な知識を得て、適切な支援を行う必要があると考えます。

　まず、障がいとは、周囲の環境と関係性でなんらかの障がいが生じている状態のことであり、個人の特性＝障がいではなく、不適切な環境（人的・物理的）を与えれば障がいとなり、適切な環境を与えれば、障がいではないという考え方が根本にあります。

　では、気になる行動に対して適切な環境をどのように整えていくか、職員間でどのように統一を図っていくかについて述べさせていただきます。

1）気になる行動

　気になる行動は、みんなと違う行動かもしれませんが、その子にとって目的的な行動であるのかもしれないと捉え、要因を探り対応方法を考えていきます。

〇じっとできない子ども

　　要因：①筋肉が柔らかい、姿勢バランスを保てない。②動きたい、揺れていたいなどの要求が強い。③刺激をすべて取り入れてしまう。

　　対応：動きを満たす静と動の遊び等を多く取り入れ、動きたい気持ちを満たすことや筋力・バランス感覚を身につける。また、目に入る刺激をカーテンやサングラス等で制限することや耳に入る刺激をイヤーマフ等で少し制限することが必要。

〇気持ちを切り替えるのが苦手な子ども

　　要因：①がんこさやこだわりがある。②環境の変化に弱い。

　　対応：終了間近であることを予告したり次の行動を知らせたりするなど見通しを立てる。切り替えのサインとしてタイマー設定や時間を知らせる、回数を知らせるなど具体的な対応をする。また、うまくできている他の児童（好きな児童）に注目させ、同じ行動をするよう促す。

2）職員間で、事例を出してみんなで共に考え適切な対応を行う

　　分析方法：A（気になる行動や様子）、B（子どもの思い）、C（保育者の対応）、D（子どもの行動）を1枚の紙に書き出し、みんなで意見を出し合い、意見交換をする。

〇保育者の対応のポイント（ティーチャーズ・トレーニングより）

　　①できて当たり前のことからほめる。②肯定的な注目（ほめる・認める・励ます・感謝する・微笑む等）を与える。③能力や性格ではなく、行動でほめる。④指示は、短く具体的に、皮肉や批判は避ける。⑤近づいて穏やかに温かみのある声で、子どもの目の高さに合わせる。

○職員会議でのポイント

　①職員全員が意見を出しやすい雰囲気をつくる。②職員間で互いを労う。③意見を活かしあう。④フォローしあう。

○課題を立てるポイント

　①できることとできないことを把握し、できそうなことを課題にする。②スモールステップで、達成感を味わえるような課題にする。③ストレングス（強み）に目を向ける。④気になる行動を絞る。

3）大切なこと

○支援が必要な子どもたちに対して大切なこと

　気持ちに寄り添い、じっくり向き合い、信頼関係を築き、安心感を与える。わかりやすいツールで、具体的な指示を出し、意欲を育て「できた」「楽しい」等、成功体験を与える。

○保護者対応について大切なこと

　話しやすい雰囲気をつくり、保護者を労う。子どもの状態像を把握し、具体的で有効な対応を共に考えていくことで、保護者も適切な対応を身につけることができ、子どもたちが成長することを伝える。

○保育コーディネーターである支援者に大切なこと

　適切な対応をすることで子どもの行動が落ち着き、かかわりやすくなる。そのためには、専門性を向上すること。また、発散方法を身につけ、一人で悩まず、話ができる支援者を増やし、ポジティブに過ごすこと。

　このような丁寧な対応は、すべての子どもに対しても必要なことではないでしょうか。

　子どもが自分の思いをすべての人に伝えることができるよう保育者が、一人ひとりの思いを受け止め、共感すること。気になる行動のみ言葉にするのではなく、してほしい行動を言葉にしてできた時にたくさんほめること。すべての子どもたちに、人を信じる気持ちを育て、折り合いをつける力をつけ、自己決定する力をつけ、自尊心を身につけていってほしいものです。支援者には、保育コーディネーターとして自分自身の専門性を磨き、他の保育者や

関係者、保護者と協働してやりがいのある毎日を過ごしていってほしいと願います。

（越智　芳子）

5. 保育コーディネーターが実践する子どものアセスメント
――イコールレーダーを用いて

　発達障がい児や被虐待児が増える中で、子どもの最善の利益を保障するための保育力が社会の中でますます問われていることから、大分県では2014（平成26）年度から保育コーディネーター養成研修を通して保育所や認定こども園等に関係諸機関との協働や連携を行うためのキーパーソンの配置を進めてきました。さらに、2016（平成28）年からは本養成研修修了者に対して、協働や連携に向けて関係諸機関が共通の視点で子どもの発達を見通すためのアセスメントツールとして「イコールレーダー」を活用しながら、園内の保育や幼児教育の伝達に向けたスキルアップ研修を重ねて取り組むようにもなっています。

　イコールレーダーとは、大分県保育連合会が制定した児童票内の保育経過記録の可視化を進めるための**図表1**のようなツールです。現在、大分県下の全保育所・認定こども園で活用されています。イコールレーダーでは、子ども一人ひとりの発達の経過を養護と5領域に基づいて評価し、園内だけでなく、保護者をはじめとする関係諸機関に向けて配慮点の共通理解や伝達、教育保育計画の作成や評価に活用されていくことを目的にしています。具体的例をあげますと、**図表1**のAとBのように5領域内の健康や人間関係、環境面の発達に同じような課題がみられる子どもが在籍している場合、**図表1**のAのように養護面が低いことが確認された子どもには、子ども家庭支援センターや心理カウンセラー等と連携しながら保護者をはじめとする家庭支援を重点に置き、見守りや保護を中心に支援しています。そして、**図表1B**のように養護面が高いことが確認された場合には、医療機関や保健師等との連携を通して、子どもの発達特性を職員が共有しながら療育や合理的配慮を中心に支援するようにしています。

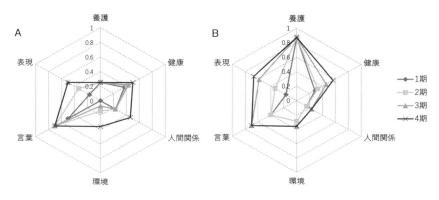

図表1 イコールレーダーの具体例

　イコールレーダーを使用することによって、子どもが児童発達支援セン
ター等の関係機関を利用する際にも、保育園等との役割確認や発達に合わせ
た移行支援を進めやすくなりました。保護者支援に向けても、子どもの発達
を具体的に可視化できることから、経過記録を通して園での様子が伝わりや
すくなっています。しかし、保育園やこども園には配慮を必要とする子ども
は増えていると同時に、保育経過記録の修了を迎えないまま小学校に進学す
る子どもも増え続けています。就学後にも養護と5領域を踏まえた幼児教育
保育の提供を必要とする子どもが在籍することを踏まえて、アプローチカリ
キュラムや保育要録等の作成時に本ツールを通して個別の配慮を伝達する等、
接続支援をより丁寧にすることも大分県幼児教育センターのバックアップを
通して取り組み始めています。

　保育コーディネーターがますます地域の中で活躍することが望まれる中、
本レーダーチャートを通すことで自分自身の教育保育内容を振り返るともに
「認定こども園教育・保育要領」や「保育所保育指針」に書かれている「ね
らい及び内容」がより多くの人に引き継がれ、あらゆる場面で提供される社
会に成熟していくことを期待しています。

（五十嵐 猛）

6. 保育コーディネーターと保護者支援

　自分の子どもが他の子どもと比べて発達が遅い、行動が気になってしかたがない、という保護者は押しつぶされそうな不安な気持ちでいっぱいです。保育士は、そのような保護者にアドバイスをすることよりも、まずは不安な気持ちに耳を澄まし、そのすべてを受け止めることが重要です。そのため、保育コーディネーター養成研修では、尊敬・受容・共感・傾聴といったカウンセリングの基本を重視した保護者支援の重要性を学びます。

　保育コーディネーターとして活動している方々に「保育コーディネーター」になったメリットについて尋ねると、「保護者に寄り添う気持ちが出てきた」、「自分の意識として、より責任を感じながら、園全体の子どもと保護者を見るようになった」、というように、保護者対応ができるようになったという自分自身の成長ぶりや良い変化について語ってくれます。

　しかし一方で、「担任ではなく、保育コーディネーターの私から話を保護者に持ちかけた時に、相手によっては、何か発達に関する話では？　と構えられる時がある」、「保護者に寄り添うことの難しさを感じている」といった意見も聞かれます。つまり、保護者の心理はやはり複雑であり、対応の難しさを感じているという意見です。

　そこで、大分県では、養成研修を終えた後に受講する「フォロアーップ研修」の中に「カウンセリング演習」を入れて、さらに実践的に学べるように工夫しています。具体的には、「プロセスレコード」という手法を用いて自分の言動を振り返り、ロールプレイ（役割演技）を行う中で、望ましい対応を検討しています。しかし、ひとり親家庭やDVの疑いがある家庭が増えるなど、年々家族の背景も複雑になっていることから、それらの研修に終わりはないことも、主催側として実感しているところです。

7. 課題と展望

　先に述べたように、保育コーディネーターには、関係者が協働するための

「つなぎ役」として機能することが求められています。実際、「保護者対応や特別支援など、他の担任からの相談が増え、一緒に考える機会が増えた」と認識している保育コーディネーターは、多くいるようです。しかし一方で、「コーディネーターとしての役割がまだ弱いように感じる」「担任をしながらなので、園全体の子どもの様子をみつつ、クラス運営をすることが難しい」などと、十分に活動できていないと認識している保育コーディネーターもいます。そのような園の場合には、保育コーディネーターが十分に活用されるよう、施設管理者（園長）に園内体制を検討してもらう必要があるでしょう。そのためには、市町村など行政の理解や物理的な面での補助などの後押しも重要です。

　いずれにしても、大分県が独自に生み出したこの制度はまだ途上です。この制度が根付いていくためには、保育コーディネーターの存在を地域社会にもっと知ってもらう必要があるでしょう。現在、そのためのひとつの取り組みとして、地域によっては市町村の乳幼児健診事業などに保育コーディネーターが活用される取り組みも生まれているところです。

（飯田 法子）

コラム　豊後大野市における保育コーディネーターの実践

　私は、大分県で保育コーディネーター養成研修制度が開始されてから2年目の2015（平成27）年度保育コーディネーター養成講座を受講し、現在も保育コーディネーターとして活動しています。

　長年保育の仕事に従事してきましたが、時代とともに、私たち保育者に求められる役割も大きく変化し、特に近年では配慮や支援の必要な家庭や子どもが多くなっています。そういった子どもや家庭にかかわるたびに、自分たちの力だけではどうすることもできず、関係機関につなごうとしても時間ばかりがかかることに無力さと疑問を感じていました。そんな時この研修を受講し、専門知識を深め自分自身のスキルを高めることができました。

　実際の保育コーディネーターの活動として園内では、各クラスの担任から寄せられた、「気になる子、対応の難しい子」へのかかわり方について、相談に乗ったり連携機関につなげたりしてコーディネートしています。子どもたちには一人ひとりの個性があり、その背景にある家庭の状況も様々です。日常生活において、園で困りのある子どもの状況を十分認識していても保護者にその思いがうまく受け入れてもらえなかったり、あと一歩のところでうまく連携機関につなげられなかったりすることも多くあります。そこで当園では、1年に2回5月と10月に「個別面談」を設けるようにしています。その際クラス担任と一緒に面談に参加し、保護者からじっくりと話を聴き、こちらから家庭での姿とは違う集団の中でのお子さんの様子をお伝えし、問題があれば解決できるよう一緒に支援方法を探っていきます。その際「発達・保育経過記録」や保育コーディネーター専用のツールでもある「レーダーチャート」を用いて保護者の理解を得ることもあります。大切なことは、子どもや保護者の強みや問題に気づくアセスメント力であり、相手を受け入れて尊重し信頼関係を築いて共感・傾聴できるカウンセリング力であると思います。保育コーディネーターは、保護者や同僚と協働し専門機関を利用して情報交換をしながら、関係者全体で支援する体制を作っていけるよう調整して

います。

　園外での取り組みとしては、豊後大野市主催の乳幼児健診・発達相談会等への参加があります。これは、市内各園の保育コーディネーターが順番に健診会場に赴き、健診時に子どもと保護者に接しながら様子を観察し、気になること等を保健師と共に情報共有しながら支援につなげていく、というものです。保育コーディネーターにとって、市と連携・協働していくことは必要不可欠であり、その中でも保健師はとても心強い存在です。

　豊後大野市では、支援が必要な家庭に専門機関を紹介する際、悩ましい問題がひとつあります。それは、療育機関が市内には限られており、受けたい支援がすぐ近くにないという点です。そのような中、2021年度より豊後大野市の新たな取り組みが始まりました。これは、豊後大野市子育て世代包括支援センターが主催し、保健師・保育コーディネーター・臨床心理士・作業療法士などが協働することにより始まったもので、2021年度は3歳児を対象として行うことになりました。その中での遊びを通して、発達が気になる子どもの様子を保護者と支援者が一緒に観察し、回を重ねて体験することで「集団生活を送るにあたり運動面・感覚面での支援の必要性とかかわり方」を保護者に伝え、改善していくことを目的としています。まだ始まったばかりの取り組みですが、この多職種間協働による境界を越えた協働実践は、とても有意義であろうと実感しています。「ひとつの組織で実現できなくても、複数の組織が立場の違いを超え知恵を出し合うことで、課題解決につながっていく」と考えるからです。今後も保育コーディネーターとして、様々な局面にぶつかることがあると思いますが、ひとつひとつ丁寧に対応し、より良い支援につなげていきたいと思います。

　　　　　　　　　　（すがおこども園　保育コーディネーター　佐藤 恵美子）

第2部

相談支援

・・・・・・・・・・・・・・・・・・・・・・・・・・・・・・・・・・・・

第7章

大分県社会的養育推進計画
——子どもの権利保障の実現に向けて

相澤　仁

・・・・・・・・・・・・・・・・・・・・・・・・・・・・・・・・・・・・

はじめに

　2016（平成28）年の改正児童福祉法では、「理念（基盤）としての子どもの権利保障の明確化」とともに、国・地方公共団体の責務として「家庭養育優先原則」が明記されました。この改正児童福祉法の理念を具体化するため、2017（平成29）年8月に「新しい社会的養育ビジョン」が取りまとめられました。

　そのビジョンでは、子どもの権利保障を実現していくため、家庭養育優先原則に基づき、市区町村における子ども家庭支援体制の構築や児童相談所改革など、施策の具体化とともに、実現に向けた改革の工程と具体的な数値目標が示されました。

　それを受けて、国より「都道府県社会的養育推進計画策定」の通知が発出され、大分県では、「都道府県社会的養育推進計画の策定要領」を踏まえて、「大分県家庭的養護推進計画」を全面的に見直し、2020（令和2）年3月、新たに「大分県社会的養育推進計画」を策定し公表しました。

あいざわ・まさし　大分大学福祉健康科学部教授

1. 策定の経緯

　まず、大分県では、計画の策定にあたって、2018（平成30）年10月に、社会的養育推進計画策定準備委員会を設置して協議を開始し、子どもの権利擁護に関する事項、里親委託・特別養子縁組の推進、社会的養護自立支援の推進に関する事項などについて5回にわたって検討しました。5回目には、社会的養護経験者4名の方からの意見聴取を実施して、その意見を反映しました。

　こうした検討を経て、2019（令和元）年5月に、社会的養育経験者の委員としての参画を得て、社会的養育推進計画策定委員会を設置して、「大分県社会的養育推進計画」についての検討を重ねて策定し公表しました。この間、児童相談所職員に対するアンケート調査やパブリックコメントを実施し、そのアンケート調査結果や当事者である子どもたちからいただいた多くの意見などを反映して策定しました。

　このように、社会的養護経験者や子どもの参画を得て、丁寧に検討し、策定されたのが本計画です。

2. 計画の注目すべき内容と目標

　全体計画（目標指標）の概要については、**図表1**の大分県社会的養育推進計画【概要】のとおりです。

　それに加えて、大分県では、大分県内どこの地域で生活しても、対象の子どもやその家庭のニーズに応じて適切なサービスや支援を受けることができるように、エリア別での計画（目標指標）を策定しており、それが**図表2**の「エリアからみる目標指標」です。

　次に、項目ごとの注目すべき計画（目標指標）について触れたいと思います。

図表1　大分県社会的養育推進計画【概要】

1. 計画策定の趣旨：2016 (H28) 年の児童福祉法の改正により、子どもが権利の主体であることが明確にされました。また、子どもの養育に関して、まずは家庭で健やかに養育されるよう保護者を支援し、家庭での養育を受けられない場合においては、より家庭に近い環境で養育されるよう推進されるよう定めました。その実現に向けた社会体制の在り方に関し、計画において必要な事項を定めました。
2. 計画策定の根拠：「都道府県社会的養育推進計画の策定要領」(2015〜2029年度)（厚生労働省子ども家庭局長通知）
3. 計画期間：2020〜2029年度 (10年間)　※既存計画「大分県家庭的養育推進計画」(2015〜2029年度) の全面見直し
4. 計画の位置付け：大分県長期総合計画の部門別計画　おおいた子ども・子育て応援プランの社会的養育関係部門計画
5. 計画の内容：児童福祉法の改正に対して県が示した「新しい社会的養育ビジョン」の実現に向けて「都道府県社会的養育推進計画の策定要領」に基づき以下の10項目について検討し、取組等を定めるとともに、目標値を設定しました。※「新」は今回新たに盛り込むこととされた項目。

項目	主な記載項目	主な目標指標	基準値	目標値 前期(2024年度)	目標値 後期(2029年度)
1　大分県における社会的養育の体制整備の基本的な考え方及び全体像	●「子どもの権利擁護」と「家庭養育優先原則」を軸とした、大分県における社会的養育の体制整備の基本的な考え方と全体像について	—	—	—	—
2　新　当事者である子どもの権利擁護に関する取組（意見聴取・アドボカシー）	●施策や養育等のもとで生活をする子ども、一時保護された子どもからの意見聴取の取組、子どもの権利を代弁する方策について ●子どもの権利擁護となる根拠等の取組について	アンケート頭実施率 訪問頭実施率 育て「ニーズ」育ルバＬ整備率	— 100% —	100% 100% 100%	100% 100% 100%
3　新　市町村の子ども家庭支援体制の構築等に向けた取組	●市町村子ども家庭総合支援拠点の設置について（市町村子ども家庭総合支援拠点の設置など） ●保護者がより支援を必要とする家庭総合支援事業の充実について（ショートステイ事業、トワイライトステイ事業、産前・産後母子支援事業の設置促進など）	市町村子ども家庭総合支援拠点の設置数（累計） 子ども人口に占める代替養育を受けている子どもの割合（在宅支援率）	4市町村 (2019年度) 99.6% (2018年度)	18市町村 毎年度対前年度比で増加	18市町村 毎年度対前年度比で増加
4　各年度における代替養育が必要とする子ども数の見込み	●家庭を離れて、施設や里親などのもとで生活することが必要となる子ども数の今後の推計について	—	—	—	—
5　新　里親等への委託の推進に向けた取組	●里親と同様の養育環境である里親やファミリーホーム・ファミリーホームの設置促進に関する取組や里親等への支援の取組について ●里親等委託の一層の推進に向けた取組について	里親等委託率 里親登録組数（累計）	33.1% (2018年度) 180組 (2018年度)	38% 230組	40% 280組
6　新　パーマネンシー保障としての特別養子縁組等の推進のための支援体制の構築に向けた取組	●家庭で生活できない子どもを、実親以外の大人と永続的な関係性を構築するため、特別養子縁組等を推進するための、制度啓発及び特別養子縁組等の支援について ●縁組成立後の支援について	特別養子縁組成立件数（各年）	3件 (2018年度)	10件	10件
7　施設の小規模かつ地域分散化、高機能化及び多機能化・機能転換に向けた取組	●乳児院・児童養護施設などでの養育が困難な子どもなどのため、施設の小規模化及び地域分散化、高機能化及び多機能化・機能転換に向けた取組について ●施設退所児やファミリーホームによる養育が困難な子どもなどのため、生活単位の個別化・少人数化の促進について（本園型小規模グループケア数など） ●市町村が実施する子育て支援事業等への受入れにかかる体制整備の促進について	小規模化・地域分散化（累計） 本園型小規模グループケア数（累計）	11か所 (2018年度) 30か所 (2018年度)	14か所 40か所	14か所 40か所
8　新　一時保護改革	●子どもの状況に応じた一時保護実施体制の強化（児童養護施設等の一時保護専用施設の開設促進）など、多機能一時保護専用施設について ●一時保護所について安全・安心な生活の確保、子どもの支援やケアなどに関するマニュアルの整備について	児童養護施設等の一時保護専用施設数	1か所 (2019年度)	3か所	5か所
9　新　社会的養育自立支援の推進に関する取組	●施設や里親のもとで育った子どもの自立に向けた自立後の支援について（自立援助ホームの活用／「児童アフターケアセンターおおいた」による支援の充実） ●施設や里親などのもとで育った子どもの自立状況などにかかる実態把握について	施設や里親のもとで育った子どもの自立後の進学・進学率	(2019年度)	自立後：90% 半年：85% 1年：80%	自立後：95% 1年：90% 3年：80%
10　新　児童相談所の強化等に関する事項	●児童相談所の体制整備、人材育成について ●児童相談所の業務の質の向上について	児童福祉司の配置率	3.5人 (2019年度)	配置基準以上	配置基準以上

図表 2　エリアからみる目標指標

エリア	目標指標
県レベル	・代替養育を対象に児童福祉審議会を活用したアドボカシーシステム ・児童相談所第三者評価機関（事業）
中間圏域（県北・県中央・県南）レベル	・児童相談所（中央、中津） ・児童家庭支援センター（県南への設置） ・フォスタリング機関 　（児童相談所＋民間機関）
市町村（18市町村）レベル	・子ども家庭総合支援拠点 ・ファミリーホーム（複数登録）
地区（小学校区）レベル	・里親（複数登録） ・子育て支援員

1）子どもの権利擁護

（1）子どもの意見表明権の保障及び子どもの意見表明を支援する仕組の構築

　当事者である子どもの権利擁護に関する取組において注目すべき内容としては、1つ目は「子どもの意見表明権の保障及び子どもの意見表明を支援する仕組の構築」です。

　　子どもの意見表明（児童相談所の措置等に対する不服（措置等されなかった場合を含む）／施設入所中、里親委託中における生活上の不満・問題／在宅指導中における児童相談所への支援に対する不満・問題／一時保護中の不満・問題）を受け止めるため、意見表明支援員や子どもの権利擁護調査員の配置、児童福祉審議会を活用して審議を臨時に行える体制の構築等、2019（H31）年3月に国が策定した「児童福祉審議会を活用した子どもの権利擁護対応ガイドライン」を踏まえ取組の充実を図ります。

　この計画については、本書でも紹介している「子ども権利擁護に係る実証モデル事業」を開始し、子どもの意見表明権の保障及び子どもの意見表明を支援する仕組の構築にむけて取組を始めています。

（2）子どもの知る権利の保障

　2つ目は、「子どもの知る権利」の保障です。

　　子ども一人ひとりのつながりのある育ちを保障するため、養育者がその子どもの胎児期からのライフヒストリーを綴るために作成した「育てノート」や、子どもが育ちの過程をいつでも振り返ることができ、子ども自身の発達の段階に応じ、子どもが主体となって養育者とともに作成し、子どもに渡す「育ちアルバム」等の整備を進めます。

　　子どもの出自を知る権利を保障するため、子どもの求めに応じて出自に関する情報を提供できるよう、児童相談所は、保管する子どもに関するファイルのうち、特別養子縁組に係る子どものファイルについては廃棄しない取扱いを継続します。

　目標指標として、「育てノート」「育ちアルバム」の整備：前期目標値2024（令和6）年度100％、後期目標値2029（令和11）年度100％を掲げています。

　これによって、子どもの知る権利を推進し保障することにつながります。

2）家庭養育優先の原則

（1）在宅支援率の増加

　めざすべき社会的養育の方向性としては、家庭養育優先の原則に基づき、すべての子どもが家庭において心身ともに健やかに養育されるよう、子どもとその家庭を支援し、家庭養育（在宅支援）の割合を増加させ親子分離（代替養育）の割合を減少させることです。そこで家庭養育優先の原則に基づく取組において注目すべき内容として、1つ目は、子どもの人口に占める代替養育を受けていない子ども数の割合である在宅支援率を増加させる「毎年度対前年度比で増加」という目標指標を定めたことです。

　この家庭養育優先の原則に基づき、最も優先すべき在宅支援率の増加を目標指標として策定した都道府県は、大分県以外にどれだけあるのでしょうか。

　里親委託率ばかりが注目されていますが、児童福祉法の理念や原則に基づくのであれば、この目標指標こそが最も重要であり、代替養育を減少させることに注目すべきなのです。

（2）子育て支援事業の柔軟な運用——大分県児童相談所職員アンケート調査から

　2つ目は、子育て支援事業の柔軟な運用です。

　策定委員会は、可能な限り家庭で健やかに養育できるようにするためには、どのようなサービスや支援が必要なのか、その内容について把握するために、こども・家庭支援課に依頼して、児童相談所職員に対して、今の事業を好きなように活用できるとしたら親子分離をせずに済むケースはどのくらいの割合でいるのかなどについて、次のように調査をしました。

　調査時期　2019（令和元）年10月

　調査対象　中央児童相談所・中津児童相談所の児童福祉司（35人）

　調査内容　①在宅支援等を保護者のニーズどおりに提供でき、また、児童
　　　　　　　相談所の方針どおりに実施できるとした場合に、家庭分離を
　　　　　　　せずに済むケースの割合
　　　　　　②家庭分離せずに済むケースを増やすために最も有効と思う
　　　　　　　サービス等

　その結果が**図表3**です。

　これを踏まえて、次のように、子育て支援事業の柔軟な運用について計画に盛り込みました。

　　　大分県こども・家庭支援課が、本計画策定委員会からの要請を受けて
　　児童相談所職員に実施したアンケート調査（以下「大分県こども・家庭支

図表3　「家庭養育」推進のための児童相談所職員に実施したアンケート調査結果

	回答者	調査① 回答平均	調査② ショート ステイ	調査② 保育所	調査② 市町村等 への指導 委託	調査② 一時保護 委託
児童福祉司経験年数 3年未満	9人	44.4%	0	4	3	2
児童福祉司経験年数 3年以上10年未満	9人	37.2%	4	3	1	1
児童福祉司経験年数 10年以上	5人	41.0%	5	0	0	0
	回答数計 23人	回答全体 平均 40.9%	回答数計 9	7	4	3

　　援課調査」という）結果（図表3）等を踏まえ、親子分離せずに子どもを
　　可能な限り家庭で健やかに養育できるよう、保護者の支援ニーズへの対
　　応や効果的なファミリーソーシャルワークの展開を図ることが必要であ
　　り、そのために市町村が実施する子育て短期支援事業（ショートステイ
　　事業・トワイライトステイ事業）等の柔軟な運用をはじめ、その運用に対
　　応できるよう、児童養護施設等の施設整備等を促進するとともに、短期
　　間子どもを預かり養育することのできる里親（以下「短期的里親」とい
　　う）の確保と活用を推進します。

　子育て支援事業については、2021（令和3）年4月1日から児童福祉法改正
法が施行され、市区町村から直接、里親等へ委託することが可能となりまし
た。また、現在、厚生労働省の社会的養育専門委員会では、子育て支援事業
の柔軟な運営について検討しています。

（3）里親等委託率の目標

　3つ目は、家庭養護を推進するための里親等委託率の目標です。里親・ファ
ミリーホームへの委託の推進に向けた取組として、都道府県社会的養育推
進計画の策定要領を踏まえて、次のような目標指標を策定しました。

　　本県においては、家庭養育優先の原則に基づき、家庭での養育が困難
　　な場合の特別養子縁組や里親による養育を推進するため、今後、フォス
　　タリング業務の実施体制の整備等により里親のリクルートから支援まで
　　を充実させ、里親等委託率40％以上を目標に里親等委託を推進します。
　　里親委託は、愛着形成に最も重要な時期である乳幼児期の子どもを最
　　優先し、里親等委託率について、3歳未満の子どもについては75％以上、
　　それ以外の就学前の子どもについては50％から75％、学童期以降は
　　35％から50％を目標とします。

　また、ファミリーホームにおいても、**図表4**のとおり、目標指標を設定し
ています。

図表 4　里親委託率等について

	基準値 2018（令和元）年	前期目標値 2024（令和6）年	後期目標値 2029（令和11）年
里親委託率	（平成30年度） 全体：33.1% 3歳未満：51.5% 就学前：44.3% 学童期：28.9%	全体：38%〜40% 3歳未満：75% 就学前：45〜50% 学童期：33〜35%	全体：40%〜 3歳未満：75%〜 就学前：50〜75% 学童期：35〜50%
里親登録区域	中学校区	小学校区	小学校区（複数登録）
ファミリーホーム登録数	11	市町村レベル18か所	市町村レベル25か所

　　里親型ファミリーホームはもとより、法人型ファミリーホームについ
ても設置を促進するため、新規開設時に、運営や住環境整備の支援を行
うとともに、専門性確保のための研修等を実施します。

（4）施設の小規模かつ地域分散化、高機能化及び多機能化・機能転換に向けた取組

　4つ目は、施設の小規模かつ地域分散化、高機能化及び多機能化・機能転換に向けた取組の推進です。

　県内に児童養護施設は9か所ありますが、**図表4**をみるとわかるように、児童養護施設の小規模かつ地域分散化する箇所数を11か所から14か所へ、また小規模化する箇所数を28か所から36か所へ拡充する目標指標を打ち出しています。

3. まとめ

　大分県の社会的養育推進計画の特長は、いくつかあります。

　1つ目は、子どもの最善の利益の実現に向けて、当事者である子どもの権利擁護の取組（意見聴取・アドボカシー）についての計画を明確に盛り込んだ点です。

　2つ目は、家庭養育優先の原則に基づき、在宅支援率を増加させる「毎年度対前年度比で増加」という目標指標を定めたことです。そして、親子分離

をしない方法などについての調査を実施し、その結果に基づいて子育て短期
支援事業の柔軟な運用などについて計画に盛り込んだ点です。

　3つ目は、単に数値目標だけではなく、エリアを基準にした計画を策定し
た点です。

　こうした点は、大分県社会的養育推進計画の特長と評することができると
考えています。

コラム　わたしの権利ノート

　「『わたしの権利ノート』ってなに？

　人は、誰もが生まれたときから幸せになる権利を持っています。そして、幸せになる権利は、わたしだけのものではありません。

　わたしと生活を共にしている一人ひとりの権利も、わたしと同じように大切にし、また大切にされなければなりません。大事なことは、一人ひとりの幸せをお互いが大切にして守ることです。

　権利は、だれもが生まれながらにして当たり前に等しくもっているもので、わたしが、だれと、どこでくらしているかは、全く関係ありません。

　この『わたしの権利ノート』には、里親家庭や、施設で生活するわたしの『権利（わたしができること、もとめてよいこと、してもらえること、しなくてよいこと）』について書かれています。

　わたしは、わたし自身が、わたしの権利について学び、いつでも質問し、主張し、意見を述べることを大切にしたいと思います。

　何故ならばそれもわたしの権利だからです。

　また、この権利ノートには、自分で書きたいことを記入するところがありますが、書く書かないは自由です。それもまた、わたしの権利だからです。

　自分のことは自分で決め、そのことに責任を持つことは、これから大人になるわたしが、自立していくために大切なことです。

　しかし、すべてをわたしの責任だけですることは難しいのです。

　わたしの権利は、すべての人によって尊重してもらえます。すべての大人は、わたしの意見を大切にしてくれ、できるかぎりわたしの手助けをしてくれることになっています。

　この『わたしの権利ノート』について、わからないことがあったら、児童相談所や里親家庭、施設の職員などに聞きます。」

　この文章は、わたしの権利やそのノートの意味について簡単に説明した内容です。

1. わたしの権利ノートの作成経緯

わたしの権利ノート（以下「権利ノート」）について、大分県は2020年度に社会的養育推進計画に基づき、4人の代替養育経験者を委員に加えたワーキンググループ及び子どもの権利擁護検討委員会（以下「委員会」）を設置して、まず年長の子どもを対象にした権利ノート（B5判・50ページ）を作成しました。その作成の過程で、権利ノート案について代替養育を受けている子どもの意見を聴き、反映させて作成しました。

翌年度、委員会は年少の子どもを対象にした権利ノート（A4判・30ページ）を作成しました。

2. 権利ノートの特徴

この権利ノートは、唯一無二のものになるように構成されています。具体的な例をあげてみると、表紙については、掲載した権利ノートの写真を見るとわかるように、子ども本人の希望により、写真や絵などを入れ替えることができるようになっています。また、ノートの中には、わたしへのメッセージ、名前の由来、わたしの大事なもの、タイムカプセルなど自由に書き込めるページが盛り込まれています。

3. 権利ノートの有効活用

代替養育を受けて生活している子どもの中には、生まれながらにしてある権利について知らないものが少なくありません。この権利ノートには、人として尊重され差別を受けない権利、意見を表明する権利、体罰やいじめなどから守られる権利など17項目の権利が紹介されており、子どもがそれらの権利について理解し、会得できるように活用することが大切です。

そのためにも、子どもたちが、日常生活の中で、この権利ノートを読み返したり、書き込んだりする時間を確保できるように創意工夫することが求められているのです。

（大分大学　相澤 仁）

第8章

児童相談所と市町村との連携
―― 共同管理台帳を通して

小野 幹夫

はじめに

　大分県では、2012（平成24）年から各市町村が設置する要保護児童対策地域協議会（以下、「要対協」）の実務者会議が毎月開催されています。

　この会議では、各市町村要対協が作成する「**共同管理台帳**」を使用して、登載されているすべてのケースについて、参加する機関が持つ情報を共有しながら、支援の進捗状況に応じて役割分担を見直し、対応漏れやリスク変化の見落としがないか、また、担当している機関が孤立していないか等の確認を行っています。

　この会議は「**定期連絡会**」と呼ばれており、新型コロナウイルス感染症が流行している現在でも（参集場所や参加者を工夫しながら）、市町村の関係部署（児童相談担当だけでなく、母子保健担当、生活保護担当や教育委員会等、子どもの福祉にかかわる部署）と児童相談所、警察署や保健所等の地域の関係機関が参加して開催されています。

　ここでは、まず、この児童相談所と市町村の連携、特に「**共同管理台帳**」を活用した要対協の取り組みについてご紹介しますが、その前に、この取り組みを行うきっかけとなった痛ましい事件について触れなくてはなりません。

おの・みきお　大分県中津児童相談所長

1. 事件の概要

　2011（平成23）年11月、当時4歳の子どもが母親からの暴力により死亡する事件が発生しました。子どもには、ほぼ全身の皮下出血のほか、複数の火傷があり、体重は標準的な体重の6割程度でした（この事件については、母親が逮捕され、当時県内でも大きく報道されました）。

　この事件発生を受けて、子どもが居住していた自治体がこの世帯へのかかわりを振り返ったところ、いくつかの担当部署がこの世帯にかかわっていたことが明らかになりました。

　　事件の2年前　　：経済困窮による母子生活支援施設への入所相談
　　　　　　　　　　　→生活保護を案内（婦人保護担当）
　　事件の8か月前：子どもの癇癪や言葉の遅れを心配して発達相談会に来場
　　　　　　　　　　　→発達に大きな遅れなく、1年後の相談会で対応（母子保
　　　　　　　　　　　健担当）
　　事件の7か月前：きょうだい児の健康診査に同行して来場
　　　　　　　　　　　→季節に沿わない服装であったが、親子の様子は特に気に
　　　　　　　　　　　ならず（母子保健担当）
　　事件の6か月前：近隣から「夜、子どもの泣き声や謝る声、子どもが引き
　　　　　　　　　　　ずられていた」と通告
　　　　　　　　　　　→家庭訪問し子どもに傷アザ等がないことを確認、「母子
　　　　　　　　　　　関係も良さそう」（児童相談担当）
　　事件の5か月前：経済困窮の相談
　　　　　　　　　　　→生活保護を申請（生活保護担当）
　　事件の2か月前：両親ときょうだい児が母子手帳の申請に来訪
　　　　　　　　　　　→子どもの姿はなかったが、特に話題にならず（母子保健
　　　　　　　　　　　担当）

　これら個別のエピソードは、その後の重大な結果を示唆した特異なものでは

ありませんし、それぞれの担当部署の対応も大きく誤っているとはいえません。

　しかしながら、子どもの死亡という重大な結果が生じたことについて、当該自治体の担当職員の驚きは大きく、当時、彼らが後悔し苦悩していた様子は今も忘れられません。また、その頃、当該自治体を管轄する児童相談所に勤務していた私自身も、「もし、6か月前の通告が児童相談所になされていたら、この事件を防ぐことができたか？」という自問に答えられなかったことを覚えています。

2. 再発防止に向けて

　大分県でこの事件について検証した結果、対応した複数のエピソードが1つの家庭に生じていることを共有できるシステムがなく、結果としてこの家族全体に対するリスクアセスメントが十分にできていなかったことが確認されました。

　そこで、このような痛ましい事件を二度と起こさないため、大分県独自の取り組みとして、

①情報共有を徹底するため、市町村と児童相談所による「**定期連絡会**」を原則月1回開催し、その会を要対協の「実務者会議」として位置づけること。

②**定期連絡会**では、児童相談所と市町村が共同で管理している台帳（**共同管理台帳**）を基に、共同してそのケースの進行管理を行うこと。

等を定めた通知を各市町村に発出しました。

　当時、県内の各市町村に要対協が設置されており、要対協の設置・運営指針に定められている「ケース進行管理台帳」がすでに作成され、担当者間の情報共有に活用されているであろうと考えたこと、いくつかの市町村では児童相談所との連絡会を定期的に開催していたこと、要対協を活用することで個人情報を含めた情報の共有が可能となるため、市町村においても無理なく取り組めるだろう等々の予測に基づいた通知でしたが、自治体からは「どのケースの情報を共有すればよいかわからない」「（対応中の）ケースとの関係が壊れるので児童相談所には言いたくない」「児童相談所の下請けをさせられるのではないか」といったネガティブな意見も寄せられました。

3. 市町村との関係強化

　たしかに、当時の市町村の児童相談担当と児童相談所は、一定の協力関係にあるものの、相互の機能や役割に対する理解が不十分であるがゆえに、「子どもが心配なので、児童相談所で職権保護してほしい」と考えがちな市町村と「具体的な虐待の事実のない『心配』だけでは保護できない」と判断する児童相談所が感情的に対立して、互いに非難し合うなど、お世辞にも「信頼関係にもとづいて協働している」とはいえない場面もありました（この件については、日頃からの市町村の児童福祉担当者に対する児童相談所の説明が十分でなかったと反省しています）し、**定期連絡会**を毎月開催することで生じる**共同管理台帳**の加除修正作業への負担感もありました。

　そこで児童相談所は、これら市町村担当者の不安や負担感を和らげ、児童相談所に対するわだかまりを解消するため、この**定期連絡会**と**共同管理台帳**の取り組みに関して、市町村の児童相談担当に次の約束をしました。

①**定期連絡会**には、児童相談所の地区担当者CW（ケースワーカー）だけでなく、SV（スーパーバイザー）も出席し、連絡会の場で個々のケースについての助言ができるようにすること。
②**共同管理台帳**には「虐待ケース」だけでなく、特定妊婦や非行少年等を含めた在宅支援中のすべてのケースを登載し、支援の役割分担は児童相談所も積極的に担うこと。
③**共同管理台帳**に登載されたケースについては、主たる支援担当が市町村等であっても児童相談所も責任を持つこと（万が一、重大事件に発展した場合も児童相談所は「知らない」と言わず、関係機関として共に責任を担うこと）。
④児童相談所は、市町村からケース対応への同行依頼があれば積極的に応じること。
　※この「同行訪問」は、特に新任の担当者や経験の浅い方に有効です。
⑤児童相談所は、市町村担当者のスキルアップのための研修会を実施する

郵便はがき

1 0 1 - 8 7 9 6

5 3 7

料金受取人払郵便

神田局
承認

7846

差出有効期間
2024年6月
30日まで

切手を貼らずに
お出し下さい。

【 受 取 人 】

東京都千代田区外神田6-9-5

株式会社 **明石書店** 読者通信係 行

||I·I|·I|·II|·II||I·II||||·II|·I|·II·I|·II·I|·II||||

お買い上げ、ありがとうございました。
今後の出版物の参考といたしたく、ご記入、ご投函いただければ幸いに存じます。

ふりがな お名前		年齢	性別
ご住所 〒 -			

TEL ( )	FAX ( )
メールアドレス	ご職業（または学校名）

＊図書目録のご希望	＊ジャンル別などのご案内（不定期）のご希望
□ある □ない	□ある：ジャンル（ ） □ない

書籍のタイトル

◆**本書を何でお知りになりましたか？**
　　　□新聞・雑誌の広告……掲載紙誌名[　　　　　　　　　　　　　　　　　　　]
　　　□書評・紹介記事……掲載紙誌名[　　　　　　　　　　　　　　　　　　　]
　　　□店頭で　　　□知人のすすめ　　　□弊社からの案内　　　□弊社ホームページ
　　　□ネット書店[　　　　　　　　　]　□その他[　　　　　　　　　　　　　]

◆**本書についてのご意見・ご感想**
　　　■定　　　　価　　　□安い（満足）　　□ほどほど　　　□高い（不満）
　　　■カバーデザイン　　□良い　　　　　　□ふつう　　　　□悪い・ふさわしくない
　　　■内　　　　容　　　□良い　　　　　　□ふつう　　　　□期待はずれ
　　　■その他お気づきの点、ご質問、ご感想など、ご自由にお書き下さい。

◆**本書をお買い上げの書店**
　　　[　　　　　　　　　市・区・町・村　　　　　　　書店　　　　　　　店]

◆**今後どのような書籍をお望みですか？**
　　　今関心をお持ちのテーマ・人・ジャンル、また翻訳希望の本など、何でもお書き下さい。

◆**ご購読紙**　(1)朝日　(2)読売　(3)毎日　(4)日経　(5)その他[　　　　　　新聞]
◆**定期ご購読の雑誌**　[　　　　　　　　　　　　　　　　　　　　　　　　]

ご協力ありがとうございました。
ご意見などを弊社ホームページなどでご紹介させていただくことがあります。　□諾　□否

◆**ご注文書**◆　このハガキで弊社刊行物をご注文いただけます。
　　　□ご指定の書店でお受取り……下欄に書店名と所在地域、わかれば電話番号をご記入下さい。
　　　□代金引換郵便にてお受取り…送料＋手数料として500円かかります（表記ご住所宛のみ）。

書名		冊
書名		冊

ご指定の書店・支店名	書店の所在地域	
	都・道 府・県	市・区 町・村
	書店の電話番号	（　　　　　）

とともに、市町村が実施する研修会等への協力を惜しまないこと。

⑥児童相談所での市町村職員の実地研修を積極的に受け入れること。

　※児童相談業務の新任職員研修の一環としている市町村もあります。

　これらの約束により、各市町村担当者の不安が軽減されたことから、現在の**共同管理台帳**を用いた**定期連絡会**の実施が受け入れられ、それが（約束の履行も含めて）現在も続いています。

4. 定期連絡会（共同管理台帳）の効果

　このような過程を経て始まった「定期連絡会」ですが、実際に取り組んでみると、毎月の共同管理台帳の更新作業にかかる負担や、定期連絡会の開催日程の確保等の困難さはあるものの、それらをはるかに上回る効果を上げています。

　以下に事例を紹介します（個人の特定を避けるために少し改変してお示しします）。

【特定妊婦の突然の出産に対応できた事例】

　シングルマザーで複数の子どもを養育中の妊婦さん。県外出身のため身近に支援をしてくれる方がおらず、出産時の子どもの預け先がないことから、市保健師さんが中心となってかかわり、共同管理台帳にも登載していました。

　定期連絡会で、「出産の際は児童相談所が兄姉児を一時保護する」ことを共有し、保健師さんから妊婦さんに説明していたため、突然の出産（早産）になったにもかかわらず、保健師さんからの「共同管理台帳に登載の○○さん、先ほど入院しました。兄姉児は保育所にいます」の連絡だけで、混乱することなく児童相談所が保育所に赴いて兄姉児を保護した事例がありました（翌日、病院で保健師さんと児童相談所のCWが母親に面談し、退院後も地域の関係機関が連携して子育て支援を行うことになりました）。

【迷子の保護をきっかけに児童相談所が介入した事例】

　ある日の夜、近隣の方から警察に「子どもが一人で出歩いている」との通報があり警察官が対応したところ、共同管理台帳に登載されている子どもであることがわかったため、警察署から児童相談所に「共同管理台帳に登載中の子どもを迷子で保護している。保護者も呼び出して話を聞いており、特に事件性はなさそうではあるものの、定期連絡会で次に何かあれば介入することになっていた。どう対応すればよいか？」と連絡をいただきました。

　従前から、ネグレクト（夜間、未就学の子どもを置いて出かけている）の情報があり、市担当者が指導してもなかなか改善しない家庭のため共同管理台帳に登載、何かきっかけがあれば、児童相談所に介入を求めることとしていた事例でした。結果、その夜のうちに児童相談所の職員が警察署で保護者と面談し、以後の児童相談所での継続指導につなげることができました。

【定期連絡会での情報共有から支援につながった事例】

　若年夫婦で出産直後から保健師の訪問を受け入れなくなる等、行政の介入を敬遠しがちになった事例。子どもの様子が見えにくくなったことを心配した保健師さんが共同管理台帳に登載したところ、関係機関からご夫婦ともに児童相談所の対応歴があることや、2人とも知的障害があるが障害受容ができていないため必要な福祉サービスを受けていない方であることなどの情報が共有されました。それらの情報を踏まえて、ご夫婦へのアプローチの方法を見直したところ、保健師さんと良好な支援関係が構築できました。

　この他にも、定期連絡会を通じて「顔の見える関係」となった関係機関が、「共同管理台帳」という共通のツールを使用しながら、それぞれ無理のない範囲で役割を分担し、効果的な支援体制が構築できた事例は、各市町村の成功体験として積み重なっています。その成功体験は、結果として担当職員のスキルアップにつながり、「共同管理台帳で情報共有や役割分担を行っている事例ほど、有事の際に長々とした経過説明が不要」「現在の対応の様子や今後の見通しを共有することで、地域の関係機関が先を見据えた支援を実践することができる」といった効果も上げています。

　また、この共同管理台帳には児童虐待相談だけでなく、特定妊婦や非行少年、不登校等、市町村や児童相談所が受理したすべての事例を登載するため、児童を取り巻く新たな課題（「子どもの貧困」や「ヤングケアラー」など）の実態を推し量るツールにもなっています。加えて、定期連絡会で子どもの支援に関係する機関が毎月1回顔を合わせることで、関係機関相互の理解が進んだ結果、それぞれの機関の「できること、できないこと」が共有され、新たに発生したケースにおいても従来の「押し付け合い」や「無理なお願い」でなく、「それぞれの機関ができる範囲の役割分担」が円滑にできるようになったことも大きな成果であるといえます。

5. 連携がもたらしたもの

　このように市町村との共同管理台帳による連携に基づいた取り組みを通じて、他機関との連携強化がもたらす効果を実感した児童相談所は、その後、市町村や教育関係機関だけでなく、子どもの生活にかかわる様々な機関との連携強化を図っています（コロナ禍により休止しているものもあります）。

【警察】
　従前より情報交換会（年2回）を行っていましたが、2012（平成24）年の事件を受けてからは、より実践的な取り組みとして、各警察署の署員さんも交えて警察学校の模擬家屋を使用しての児童虐待事案にかかる臨検捜索の演習等も行っています。
　また、児童相談所への警察官配置の協力や、警察学校生や生活安全任用科生に、児童虐待事案に対応する際の児童相談所の機能や役割について紹介する機会をいただく等、連携体制の構築を行っています。

【弁護士会】
　児童相談所職員の法的スキルの向上と、弁護士の児童虐待事例に対する理解を深めることを目的として、児童相談所との勉強会を行っています。
　最近では、医療関係者からの「児童虐待が疑われる救急事案について法的

理解を深めたい」というニーズを受けて、下記の救急医療従事者と合同の勉強会なども開催しています。

【救急医療従事者】

　児童虐待によって受傷した児童が救急医療に運ばれた場合に備え、あらかじめ児童相談所の業務について理解してもらう必要があることから、児童相談所との勉強会を行っています（この勉強会は、当時児童相談所に在籍していた職員とつながりのあった医療関係者との私的な勉強会から発展しています）。

　救急医療従事者との勉強会は、児童相談所の業務や役割の理解から始まり、医療機関向けの虐待対応啓発プログラム（BEAMS）研修などを行いました。

　最近では上記の弁護士会と合同で、実際にあった児童虐待事例についての事例検討を行っており、参加された方からは、「他職種の視点を理解し自らが所属する機関に求められている役割を再認識できる」と評価されています。

　※この勉強会は回を追うごとに参加を希望する方が増えており、現在では産科医や救急隊、メディカルソーシャルワーカー、警察など、児童虐待事案にかかわる可能性のある多くの職域から、総勢100名以上のご参加をいただくこともありました。

　これらの取り組みは、関係機関のご理解・ご協力があって成り立つものではありますが、大分県が恵まれているのは、関係機関の皆さんが児童相談所の説明（お願い）に耳を傾け、児童相談所の機能や役割を理解しようと心を開いてくれることにあると思っています。

　もともと、関係機関の皆さんも「子どもを守る」という点では一致していましたので、児童相談所の機能や役割をしっかりと丁寧に説明したうえで、児童相談所では対応できない部分へのお力添えをお願いしたところ、すべての関係機関の皆さんが快くご協力をくださったからこそ、これらの取り組みが可能となっています。

6. 大分の先見性

　これまで、要対協（共同管理台帳）をはじめとした他機関との連携をご紹介しましたが、これらの取り組みのいくつかは、その後に厚生労働省が示す児童虐待への対応強化策を先取りする結果となっています（手前味噌です。たまたまかもしれません）。

　現在に至るまで児童虐待により重篤な結果を招いた事例は後を絶たず、2018（平成30）年の結愛ちゃん事件や2019（平成31）年の心愛ちゃん事件など、世間の耳目を集める事件も発生しています。

　厚生労働省においても、これら続発する児童虐待事案に対応するよう様々な強化策を通知していますが、それらのうちいくつかについては大分県で取り組んでいる内容に近しいものがありました。

　例えば、「警察との児童虐待事案の情報共有」については、大分県では、すでに市町村要対協の定期連絡会に地域の警察署が参加しており、共同管理台帳によって児童虐待事案が共有されていたため、児童相談所や市町村が受理した児童虐待事案を警察と全件共有することも特に抵抗なく行うことができました。

　また、児童相談所への弁護士の常勤配置については、従前から勉強会等で児童相談所の業務についてご理解をいただいていたこともあって、弁護士の常勤配置は困難であったものの、弁護士会の協力により、複数の弁護士が分担して午後半日の勤務を行うことになりました（2022〔令和4〕年4月現在、中央児童相談所が週4回、中津児童相談所は週1回勤務していただいています）。

　これは、弁護士が常勤することは困難でありましたが、多くの弁護士が児童相談所の要請に応じてくださったため、このような配置になっています（弁護士不在時に緊急の案件が発生した際にも対応できるようにしています）。

7. 連携の目的

　大分県では、様々な方法で地域の関係機関や職種の方々と連携を深めながら児童相談業務を推進しています。私たち児童相談所の職員は、二度と痛ま

しい事件を繰り返さないことはもちろんですが、県内のすべての子どもたち
が、健やかに育ち、成人し、最終的にはおのおのの自治体で自立した生活を
送ることを願いながら子どもたちにかかわっています。

　しかしながら、私たち児童相談所が支援できるのは原則18歳まで。その
後も続く子どもたちの生活の中で困難が生じた時には、彼らは一住民として、
市町村の皆さんに相談して支援を受けなければならないこともあろうかと思
います。

　彼らに困難が生じた際に、相談を受ける地域の皆さんが適切な支援を提供
できるよう、子どもたちの「情報」を、あらかじめお知らせしておくことも
必要であると感じています。

　ですから、児童相談所が支援している子どもに関する情報を、地域の関係
機関と共有することは、子どもの将来においての「最善の利益」につながっ
ていくと思っていますので、要対協を通じての情報共有は可能な限り行うべ
きだと考えています。

8. まとめにかえて──これから児童相談業務に携わる皆さんへ

　大分県の児童相談所と市町村の連携、特に要対協の実務者会議（定期連絡
会）での共同管理台帳による情報共有は、関係機関の間での押し付け合いを
防ぎ、同じ目標に向けた支援の進捗状況が一覧できる、子どもを守るための
ツールとしても非常に有効な取り組みでありますし、これをきっかけとして
始まった警察や医療関係者等の関係機関との連携についても全国に先んじた
取り組みであったといえます。

　しかしながら、残念なことに、児童相談所や市町村の職員の異動に加え、
共同管理台帳に登載される事例の改善または安定によって数年にわたり重大
事例が発生していない、いわゆる「落ち着いている」自治体の定期連絡会で
は、共同管理台帳による情報共有が軽んじられているように感じることがあ
ります（この「慣れ」も重大事件の「兆候」を見逃してしまう「リスク」のひと
つであるといえます）。

　市町村や児童相談所では、連日のように新しい虐待通告がなされ、日々対

応に追われる中、毎月の共同管理台帳の更新や、定期連絡会への参加がルーティンワークのように思えてしまうかもしれません。また、実施実績のない「臨検捜索」の演習より、家庭訪問や面談を重視する方もいることでしょう。

　一方で、重大事件は「何気なく見守っていた」家庭に些細なきっかけで発生していることも多く、日頃から「最悪の事態も想定しておく」ことが必須でありますし、きっかけを見逃さない「見守り」には、ひとときも欠かすことのない集中力と観察力が必要です（この不断の「見守り」を継続しなければならないことも、児童虐待対応が敬遠される理由のひとつといえるでしょう）。

　だから、児童相談所や地域の関係機関の皆さんには、いつも見守っている子どもたちの安定している様子に慣れることなく、常に危機感を持って「見守る」必要があることを忘れないでいただきたいと思います。

　最後に、現在、そしてこれから大分県の児童相談業務にかかわる皆さんに、ぜひご理解いただきたいことがあります。

　それは、現在の児童相談業務の取り組みはすべて、私たち児童相談業務に携わる者の先達が、救えなかった命への反省のもと、地域の子どもたちのことを想い、危険にさらされている子どもたちに少しでも早く、安全・安心な環境を提供するため、また支援者の負担を少しでも軽減できるようにと関係機関と協議を重ねながら積み重ねてきた成果であるということです。

　そして、それら取り組みを実施するようになった背景には、いくつもの痛ましい事件があったこと、私たちの取り組みは尊い幼い命の犠牲の上に成り立っていることを決して忘れてはいけません。

　どうか、この本を手に取られた皆さんにおかれましては、これから児童相談業務に従事されるのであれば、これらの「取り組み」を単なる支援機関のルーティンワークとしてではなく、実施に至った「背景」や「理念」も含めてご理解いただき、皆さんの近くにいる子どもたちの安全・安心をお守りくださるようお願いいたします。

コラム 重層的な里親リクルート活動の 実現に向けて

　大分県では2021（令和3）年度から、新たに「市町村連携コーディネート事業」がスタートしました。事業の目的は里親リクルートで、県内18市町村のうち、人口規模の大きい4市（大分市・別府市・中津市・日田市）に里親リクルート業務を専任で行う「家庭養護推進員」を配置し、地域事情に合致したきめ細やかな里親リクルート活動を行うものです。

　事業を開始した理由は、県内各地の隅々まで啓発をするためには、市町村の力を借りるほかないと感じたことです。現在、市町村にはすでに県の業務に協力をいただいているところですが、人員配置も予算もない中では市町村も活動しにくいという実態がありました。一方、県では、一般的な広報や募集説明会はできても、県内各地の地域情報には疎く、ターゲット層が集まる啓発機会を絞り込むことができないため、県での活動に限界を感じていました。

　そこで、今後は市町村レベルでのリクルート活動を展開していくべきだと考えています。ターゲットを絞った里親リクルート活動を行うには、「地域事情に精通した市町村の力を借りるほかない。市役所内に配置してこそ、地域事情に合致したきめ細やかなリクルート活動が機能する」と考えています。

　本件に絡むエピソードを紹介します。私が児童相談所で里親担当をしていた数年前のことです。ある山間部の市町村で県主催の募集説明会をしていた時、誰も来ない会場で意気消沈していると、市町村の職員と地元の里親支援関係者が「今は田植えですからね……」と。時期は5月。その地域の多くの人にとって忙しい時期でした。私の方は、大分市内に住んでいて、四季に鈍感になっていたため、地域事情に思いをめぐらせ、日程をずらすことまで思い至りませんでした。仮に田植えの時期以外だとしても、結果はそう大きく

は変わらなかったかもしれませんが、その地域では当然のことすら認識せずに開催していたことを反省しました。誰も来ない会場で、地域と自分との距離を感じ、落ち込んだ記憶があります。

次に地域ネットワークの力を感じたエピソードをひとつ。県ではHPや新聞、市報への広報はできましたが、様々な媒体で広報をしたいと思い、地域のケーブルテレビや地域情報誌にも広報ができないか模索していました。児童相談所では広報関係へのつてがないため、立ち止まっていたところ、ある里親支援関係者が、自身の地元のケーブルテレビに出演している方と知人だと言い、電話をしてくださり、あっという間に快諾をいただきました。これまでの関係性があるからこそ、電話一本で話がスムーズにまとまるものだと感心しました。

最後に事業開始後の状況について紹介します。4市ではそれぞれ、バラエティに富んだオリジナルの里親リクルート活動が展開されています。例えば、ファミサポの研修会や、幼稚園・保育園の職員研修会、要対協（校区単位のネットワーク会議）等で里親制度の説明をしたり、高校を回り、保護者へチラシを配布したり、回覧板でチラシを全戸回覧したりと、主体的に活動を展開しています。もし県が行えば、かなりハードルが高いことを、4市の方々は軽々とやっており、地域ネットワークの関係性と情報量、機動力には到底敵わないことを改めて実感しました。受け入れる側も、県よりも市の方が親近感も関係性もあり、物理的な距離も近いため、スムーズに受け入れてもらえるのではないかと推察します。

時を同じくして、民間（NPO）による里親支援も始まりました。官民の連携とともに、今回の家庭養護推進員の配置により、国・県・市町村と重層的な里親リクルート活動が可能になったことは意義深いと感じています。より充実した内容のリクルート活動が展開できるよう、関係者間での連携を図りながら進めていきたいと考えています。

（大分県中央児童相談所　谷本 幸子）

●●●●●●●●●●●●●●●●●●●●●●●●●●●●●●

第**9**章
小さな児童養護施設の実践
──子どもとの暮らしの中に見つけた
「小さなこと」「小さな幸せ」

松永　忠

●●●●●●●●●●●●●●●●●●●●●●●●●●●●●●

はじめに

　児童養護施設の子どもたちと出会って40年。最近つくづく「子どもは、本当に可愛いなぁ」と心から思います。悪いことをしては一緒にお詫びに行ったり、困ってしまうことや思いどおりにならないことの連続ですが、それでも愛おしく思う気持ちは年齢を重ねるごとに、ますます大きくなっています。

　当然ですが、未来が子どもたちにとって安心して育つことのできる世界であってほしい。そのためには私たち大人が、少し我慢をし、環境・資源・経済・国家間の関係等、健全な道筋を模索して安心をつないでいかなければと思います。

　子どもたちと人生を共にし、私がたどり着いた「子どもの育ちに大切な要素」は、3つです。①自然豊かな環境、②身体に安全な食事、③温かい大人のかかわり。この3つが大事にされる社会であれば「幸せ」を感じながら、子どもはすくすく育つように思います。「勉強ができること、スポーツができること、音楽や絵が上手なこと」等、そのこと自体はとても素晴らしいことです。ただ人間にとって周りの人そして自分をも幸せにするために最も大切なことは「心の優しい人になること」と思っています。

まつなが・ただし　児童養護施設光の園施設長

　子どもたちは皆、一人ひとり違った個性を持っています。その個性を素直に伸ばし、その子らしく成長してほしいと思っています。

1. 子育て支援総合センターをめざして「別府光の園」

子育ての「おまもり」になるように

　私の勤めている「別府光の園」の事業を少し紹介したいと思います。

　光の園は、8つの福祉事業（児童館・保育所・学童クラブ・児童養護施設・共同生活援助事業・児童家庭支援センター・別府市子ども家庭総合支援拠点支所・民間一時保護所）を1つの事業として複合施設の機能を融合させた子育て支援総合センターをめざしています。

　暮らしを守る子どもの安全基地としての使命を最優先することを法人の福祉事業の基本としながら、地域の子どもたちとその家族を見守る役割を広げているところです。

　児童館では、子育てのためのシンプルな事業を企画コーディネートし、地域のお母さんたちにゆっくりと寄り添う。保育所・学童クラブでは、子育て家庭の日々の生活と仕事の調整を助け、子育ての光や影の移ろいを共感することができるように、預かり機能を生かしながら子育ての情報を発信してい

図表 1　別府光の園

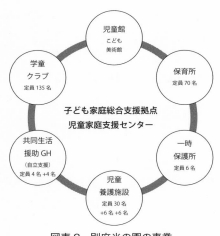

図表2 別府光の園の事業

ます。

　多様なメニュー事業に参加することで専門家と一緒に子育てを楽しめる町にすること。つまり、町づくり地域づくりの視点を持った施設の在り方をめざしています。

　児童家庭支援センターと別府市子ども家庭総合支援拠点によって、虐待の予防と早期対応の役割を、自然な姿でさりげなく担えるようにするために、子育てする人々が気軽に参加できるサービスを準備し、アクセスをよくすることによって社会的養育施設を利用するスティグマを小さくしたいと考えています。

　地域にとって施設（光の園）の存在が、子育ての喜びと小さな幸せを伝え、時折立ち止まってしまうような時にも小さな子育てのヒントを引き出すことのできる「子育てのおまもり」になるようにしたいと思っています。

　以下は、卒園後、当園に住みながら市内の短大に通学するK子が、県主催の「旅立ち激励会」で発表したメッセージです。

「夢に向かって」

　今日は、私たちのために「旅立ち会」を開いていただき、ありがとうございます。

　私は、2歳の時にお姉ちゃんと二人で施設に来ました。入所した時のことは覚えていません。明るく元気な子だったと聞いています。もう16年が過ぎました。施設では書道や茶道、ギター教室など、たくさんの習い事をさせてもらいました。特に頑張った習い事は柔道です。小1から高3まで現在も続けています。小学生の頃は試合で負けてばかりでやめたいと思

うことがたびたびありました。それでも職員のお姉さんが送り迎えをして、試合にはいつも応援に来てくれました。練習を重ねるうちに好きなスポーツになり、高校では県大会で個人準優勝、九州大会にも出場することができ、自信を持てるようになりました。（一部省略）

「旅立ち激励会」の様子（2021年2月）

　私は、幼い頃からの夢「児童養護施設の保育士」をめざし進学します。子どもが好きなこと、幼い頃からずっと私のそばで優しくお世話してくれた職員の姿に憧れを持ったからです。期待と不安があります。だた多くの方々のご支援があることを忘れず、夢に向かってこれからの学生生活を送っていきたいと思います。目標に向かって頑張ります。今日はありがとうございました。

　私は、幼いK子を園に迎えた時から見守ってきました。心配も含め、たくさんの出来事と思い出があります。「お母さんに会いたい」「お家に帰りたい」という自然な思いに小さな心を痛めながら、一緒に暮らすスタッフ（住み込み）に支えられ悲しみを乗り越え、現在のK子があります。これからも夢に向かって歩む姿を見守っていこうと思っています。

　少しずつ、ゆっくり、シンプルに、いつの間にか成長する子どもたち。そばにいる大人との関係性を通して信じる力や自己肯定感を取り戻していく。つまり「安心した暮らし」が子どものレジリエンスを育て高めていくことを実感しています。

　若い頃のことですが、尊敬するあるシスターに「『花を育てるように』子どもの成長を見守ってくださいね！」とアドバイスをいただいたことがあります。「花を美しく咲かせるには『日光』『水と少しの肥料』『待つこと』が

必要です。子どもがよく育つには『夢』『継続と出会い』『忍耐』が大切です」と。一人ひとりの個性の花が、その子らしく咲くよう見守る姿勢を教えていただきました。

2. 養育の視点

「子どもは、まぁるいものが好き」

　ここからは、私（児童養護施設 光の園）が、子どもたちとのかかわりの中で、大切にしている養育に対する考え方（養育論）、子どもとの暮らしの中で発見した大切な養育のポイントを事例をあげながら述べたいと思います（大分合同新聞「灯」への私の寄稿文より一部抜粋）。

　養育のポイントを探すきっかけとなったのは……。「子どもは、まぁるいものが好きなんだよなぁ！」──30年ほど前、元同僚が、ふと呟いたひと言。子どもたちとの日々に悪戦苦闘していた私にとって、「はっ！」とする言葉でした。

　ドラえもん・アンパンマン・きかんしゃトーマス・キティちゃん等々、幼い子どもたちの大好きなキャラクターにある「まぁるい」という特徴。ひも解いていく中で辿り着いたのがお母さんのおっぱいでした。大好きなお母さんに抱かれお乳を飲む、この時の安心感が無意識に子どもたちの記憶に残る。おっぱいの形が進化し、憧れのスターに変身したのだろうか。そう考えてみるとお母さんのすごさが、またひとつ見えてきたのです。

　以来、子どもはどんな事柄に心を引かれて安心感を抱くのだろうか？　と、様々な場面で目を配るようになりました。それ以来ずっと「子どもの好きなもの、愛が伝わるポイント」を探し続けています。

1) 食卓を大切にする心

　日常のふれあいの中で「食卓」は安らぎと幸せの象徴と言われています。「食」を通して生み出される音、香り、味、雰囲気そして会話など、五感に伝わるすべては、子どもの育ちや愛着形成を育む大切な心の栄養なのです。

　「食」の原風景は「お母さんに抱かれ、お乳を飲む」姿。赤ちゃんは必要

な栄養素や免疫力をお乳から得て、お母さんの匂いや声、スキンシップによる温かいかかわりを心で受け取ります。同時にお母さんは、赤ちゃんが母乳をコクコクと飲むだけで愛情がわき、その仕草や表情を肯定的に受け止めるのです。ここに互いの存在を祝福し合う神秘が生まれ、信じる力や赦し愛し合う関係性が育つのです。

　「食卓」を大切にする気持ちには、子どもの心、家族、やがて社会を良くしていく確かな要素があると思っています。

2)「抱っこ」

　学校から帰った小学校1年生のAちゃんとおじいちゃんの会話です。

　「今日の宿題は？」

　「お母さんが帰らないとできないの」

　「へぇ、おもしろい宿題だなぁ。どんな宿題なんだ？」

　「あのね、お母さんに抱っこしてもらう宿題だよ」

　この時のAちゃんの輝く笑顔に、おじいちゃんは「担任の先生に、一本取られた！」とうれしそうに話してくれました。私たちは、この話を聞き幸せな気持ちになりました。

　子育て・子育ちにとって、「抱っこ」はとても大切なコミュニケーションです。手をつなぐ、頭などを撫でる、抱きしめるという自然な行為は、心の安定、生きる安心感を広げ、親子の絆を育てる大切なかかわりです。

　1960年代、「子どもは抱かないで、良いところをほめ、悪いところを叱るやり方で育てる」という行動派の一部間違った考えが、アメリカから日本に伝わり、「抱き癖」というネガティブな言葉が生まれました。この考えが長い間、母から娘へ、お姑さんからお嫁さんへ伝わり、残念なことに現在の子育てにも大きな影響を与えているのです。

　お母さんの「微笑、抱っこ」は、子どもたちの心を育む最善最良の栄養です。これからは、Aちゃんの先生のように、自然な子どもの望みを意識して子どもたちと暮らしていきたいと思っています。

3）「お風呂」と愛着

　子どもとの信頼感を深める種。ある日、お風呂がそのひとつであることに気づきました。その日のことを今でも時折思い出しています。

　心と体が傷つき、ほとんど言葉を発しない幼児が、入浴中、一緒に入っているスタッフと明るい声で会話していました。スタッフに何を話していたのか尋ねると「シャンプーの話だったかなぁ。シャンプー嫌がるんだけどねぇ。……お風呂の時はよく笑うし、幸せそう。なぜかなぁ？」と不思議な顔。

　立ち話のまま、その謎に迫り、辿り着いた答えはお母さんの子宮でした。

　狭くて温かく、裸のまま、そして水の中。「子どもの宮」と書くように、生涯で最も大切に守られた場所。……その子宮に、お風呂の環境は似ている。子宮にいる頃の記憶から安心感に包まれているのかもしれないとの理由でした。

　その日から意識して子どもたちとお風呂に入るようにしています。ゆっくりですが、愛が伝わり、信頼が深まっていく。体だけでなく、心もきれいになっていくのを感じています。

4）病気の時のかかわり

　ある子が、この春加わったスタッフのことを伝えてきました。「私ね、Tお姉さまのこと大好き！　私が病気の時に『早く良くなってね』ってずっとそばにいてくれたんよ」と。熱を出して心細くなっていた時に寄り添ってくれたのだろう。優しいお姉さまの愛情と深くなった互いの関係性を思い、うれしい気持ちになりました。

　ふと、20年ほど前に読んだ板倉昭二先生（当時、大分県立看護大学）の論文を思い出しました。チンパンジーの母子の「ケア行動」を観察したところ、子どもが病気の時に重篤化するほどに母親のグルーミング（毛繕い）やホールディング（抱っこ）の回数が多くなるとの内容でした。人も同じ、心や体が弱くなっている時ほど愛情やスキンシップ、かかわりを必要とするのです。病気の時には、お医者さんや効き目のある薬も大切ですが、そばにいる大好きな人の存在や愛情という特効薬が必要なのです。

　子どもの病気の時には、「早く元気になってな！」と声を掛け、ゆっくり

そばにいてあげたいと思っています。

5)「泣くこと」・「涙」の不思議

　「転んで、ケンカして、甘えて」等々、泣くことは子どもの特徴です。20年程前、同僚と「涙・泣くことの意味」を話し合ったことがあります。

　「涙」という字は、泪が流れると元気を失くしていたものが、もとに戻り元気なることを表し、「泣」の字は、泪が流れると倒れていたものがもう一度立ち上がってくることを表しているそうです。人の豊かな感情と心をコントロールするために涙が流れるようになったらしく、泣いている時の脳は、眠っている時の脳と同じ状態になり、癒しと休息を与えていることを知り驚きました。

　泣かれるとイライラが募ります。ただ、涙を流すことは元気な子に戻る大切な過程なのです。

　同僚との約束で、あれから20数年間「どうした？　何か悲しいことがあった？　泣いていいよ」と泣く子どもに気長に接してきました。今、「涙」の確かな不思議を実感しています。

6)「子どもの睡眠」

　就寝時、お布団に入り、絵本を読み始めるとすぐにコトンと眠るＨちゃん（小3）。「花さかじいさん、最後どうなるの？」と尋ねてみました。「う〜ん。おじいちゃんが花を咲かせるんやろ……すぐに寝るけど、そのくらい知ってるよ！」「目を開けたら、もう朝よ！」とニッコリ笑顔で話してくれました。

　「寝る子は育つ」と昔から言われます。長年、子どもと一緒に暮らす私は、この言葉の正しさと子育てしている大人への大切なメッセージを感じています。すやすやとぐっすり眠り、元気に目を覚ます子のほとんどが、健康で、病気に強く、心も安定していることを実感するのです。

　数年前、ある小児精神科医の先生の講話で、日本の子どもの睡眠時間は世界で一番短く、最長のニュージーランドとは101分の差があることを知りました。日々の生活リズムが変化し、大人同様の夜型生活が子どもにも定着し、

睡眠不足傾向になっていることを聞き、心配になったことがあります。

　子どもの脳は、睡眠の間に記憶や学習に必要な脳の情報網をつくるそうです。また成長に必要なホルモンは眠りに入るとたくさん分泌され、子どもの成長を促す。つまり、睡眠が子どもの心身の育ちに重要な役割があること、そのことは医学的、生物学的にもわかっているのです。

　子どもがゆっくり眠れる生活のあり方を考え、寝る前の絵本や昔話を大切にする心は、日本の未来・良き社会をつくる大きなヒントと、私は思っています。

7）「小さな声で叱る」

　児童養護施設の園長として大切にしているかかわりに「小声で叱る」同時に「座って叱る」ということがあります。

　自分の世界で生きて思うように行動しようとする子どもは、わがまま、失敗、いたずら、ケンカ等で頻繁に大人に叱られることをします。ただ、失敗は子どもの特権のひとつ。許される経験を通して子どもの心は成長していきます。

　先日もある子が、友人とケンカをして私のところにやって来ました。涙を流しながら「悪かった。ごめんなさい」と謝る素直な姿に「この子はきっと大丈夫！」と安心し、相手の保護者のところに二人でお詫びに行きました。

　ところで、悪い行動に対しては、曖昧にせず厳しく指導しなければなりません。ただ、感情的に激しく声を張り上げるのではなく、もちろん体罰も行いません。力で子どもをコントロールするのではなく「願い」を落ち着いて伝える。つまり、子どもの「気づきと納得」によって心の変化を促そうという考えです。この思いに辿り着くまでには、私も何度も失敗しました。「厳しいけれど怖くない、優しいけれど甘くない指導」を追求しながら、多くの反省を経て、年を重ねやっと「私らしく叱ること」が出来るようになってきました。

　すべての子どもは「良い人になりたい」という素直で純粋な思いを持っています。「願い」と「愛」を伝えながら、厳しいけれどゆったり、トーンを下げて小声でしっかり叱る。その効果を実感しています。

8)「待つこと」

「ちょっと待ってね」と言うと、イライラしはじめ、ひっくり返る。時には怖い目（私にはかわいい目）で睨む……。自由奔放でわんぱくな5歳のMくん。戸惑う大人をよそに、毎日元気いっぱいに過ごしています。

児童養護施設と出会って、2021年現在で39年、私のそばにはずっと「待つこと」がちょっと苦手な子がいて、現在はMくんがその一人です。

ところで、長い人生の道程では、忍耐し、日々コツコツ努力していかなければならないことが多くあります。つまり、自立して社会で生きていくうえで「じっと時を待つ、落ち着いて考えること」が、時折大事になります。

豪傑Mくん。「きっと将来は大者になるぞ！」と期待を寄せつつ、私が気をつけ努力している2つのことがあります。①「待って！」と待たせたことは、必ず実行すること。②待つ時間を具体的に伝えること。例えば「あの時計の針が3のところまで……」等々。つまり「待てば良いことがある」「待てば必ず聞いてもらえる」「待つこと」の向こうに「希望」があることを教えたいのです。

子どもたちは皆、一人ひとり違った個性を持っています。私たちはかかわりに工夫しながら、個性を生かし、その子らしく成長してほしいと願っています。Mくんと過ごしながら、「待つこと」は「子どもの育ち、そして子育てする私たち大人にとって『重要で大切なポイント』」と改めて思っています。

9)「兄弟姉妹」の大切な関係

光の園には、双子や3人姉妹の子どもたちが暮らしています。当然ですが兄弟姉妹には、表現しがたい特別な絆があります。スタッフはこの絆を大切にし、一緒に買い物に出かけたり、一泊きょうだい旅行を企画したりしています。

ところで、2021年の正月、自立した5人兄弟が帰郷して来ました。2泊3日、それぞれ自由に過ごし、食事しながら「わがまま言って、迷惑かけたなぁ！」と当時を辿る思い出話をしていました。お母さん代わりに世話をしたK保育士との会話が一番うれしそうで、帰る前に「大切に育ててくれてありがとう。来て良かった」と言っていました。社会に出てからも兄弟同士思い

合い、懸命に生きる姿から、目には見えないつながりの深さを感じました。

　兄弟姉妹の絆は、素直な優しさや信じる力を生み出し、困難な場面での分かち合い、我慢する力に大きく影響します。子どもの頃、兄弟姉妹と共に暮らすことは大切な関係を育てる心の栄養なのです。兄弟姉妹同士でのけんかやすれ違い等を通して許し合う心も育つのです。兄弟姉妹は、誰にとってもかけがえのない存在なのです。

10)「良き思い出」存在を支える

　還暦を迎える数人の同僚に「心に浮かぶ幼い頃の思い出は？」と尋ねてみました。答える時の共通した様子は、みんな笑顔で語ることでした。「父母や家族、大切な人と過ごしたひととき。大好きな人と共に喜んだエピソード」をうれしそうに語ってくれました。

　内容を一言で表現すると「幼い頃に愛された風景」。そして、その思い出は、大人になった今も心のエネルギーになっていることが伝わってきました。

　小さな出来事を生涯にわたり抱きつづける人の心。良き思い出の不思議な力を感じます。私たちは、目には見えない宝ものを、子ども一人ひとりの心に残してあげたい。私もこの文を書きながら、いつも優しかった亡き祖母を思い出しています。

11)「大丈夫！」の心

　子育てする私たちにとって、大事なことのひとつが「焦らないこと」。このことを確信する出来事がありました。

　小学校の運動会でのこと。2年生のY子が徒競走で見事1位に。親バカ（園長バカ）といわれるかもしれませんが、Y子が一生懸命に走る姿は輝いていて「小さな奇跡」にも見えました。

　7年前、6か月の赤ちゃんで光の園にやって来たY子。これまでには心配なことが幾つもありました。中でも、一番心配だったことは「2歳すぎまで歩けなかったこと」でした。歩くことも言葉も遅かった当時のY子からは、徒競走で1位になる姿を想像することはできませんでした。

　「子育て」は思いどおりにならないことが多く、悩みと忍耐の連続です。

きっと、子育て真っ最中のお母さんお父さんにとって、心配になることが絶えないと思います。実は私も同じ、小さな失敗と悩みの連続なのです。「こう接すればよかった。このように話せばよかった」と、日々反省することが少なくありません。

　Y子の懸命に走る姿は、慌てず、ゆったり、子どもを見つめ続けていけば「大丈夫！」ということを、私に教えてくれました。

その他

　「お掃除」「髪結い」「親子関係」「遊び」「叱る」「自然との触れ合い」「セラピー」「空想の世界」「おもてなし」「性」「暴力」「ふるさと」等々。子どもを支える時に大事なかかわりのポイントは、たくさんあります。そしてそのすべては実は「日常の暮らし」の中に転がっているのです。

　専門知識を生かす根底にあるものは、平凡な日々に「ささやかな幸せ」を探す日常の積み重ねだとつくづく思います。目立たない暮らしの中にある小さな幸せを大切にしたいと思っています。

まとめ

　数年前に出会った記事の中で、聖路加国際病院元名誉院長の故日野原重明先生が、詩人ロバート・ブラウニングの詩を紹介し、「人はみな『弧（アーク）』つまり不完全な存在です。不完全な円は次の世代、また次の世代によって、ようやく『円（ラウンド）』となり、完成するのでしょう。103歳の今も父に教わったこの言葉を胸に、謙虚に生きていこうと思っています」と語っていました。

　時折、私たち人間の思考は「直線的」になってしまいます。ところが、太陽、月、そして私たちの星である地球。自然の循環の中で私たちを見守って在るものは、すべてまぁるい形をしています。自然の優しさは、いつも曲線、ゆるやかな円なのです。

　生きているすべてのものが「まぁるいもの」に守られ、「循環」の中に生かされていることを意識し、まあるい視点で子どもたちにかかわっていくことが大切だと思っています。

　現場で思うのは、「穏やかな日々の暮らし」がすべての基本だということです。人にとって最も尊い大切なことは、一緒に料理したり、食事しながら話したり、何気なくテレビを見たり……目的や意味づけのない「何気ない時間の中にある」と、この頃特に感じています。

　心の中にある大切な人との風景、そんな日常の思い出が、子どもの心を豊かにすることを思いながら、子どもたちとの日々を過ごしていきたいと思います。

おわりに

　ほとんどの児童養護施設の創立者たちは、「子どもたち一人ひとりは、かけがえのない、等しく、尊い存在です」と語り、子どもの幸せのためにすべてのものを捧げ、最後まで寝食を共にしています。全国のどの施設も同質の精神から創立され、子どもたちの育ちを守ってきているのです。私たちは先人たちの精神や歩みを振り返り、未来へとこの精神をつなげなければならないと思います。

　私は、社会的養育施設が「子どもの権利」を守る最終的なセーフティーネットであると確信しています。これからは子どもの暮らしを守ると同時に、長く子どもたちの養育に真摯に向き合ってきた養育経験の知恵を、積極的に地域に発信しながら、地域支援や里親支援という新しい役割を果たしていきたいと思っています。

　「子ども以上の宝ものはない」。社会的養育施設は「新しい子ども福祉文化」を創造していくことをミッションとして、新たな未来に向けての一歩を踏み出していきたいと思っています。

大分県社会的養育連絡協議会
──子育て満足度日本一をめざして

　2018年４月に「大分県社会的養育連絡協議会」が発足しました。里親会、ファミリーホーム会、児童養護施設協議会の３団体の構成でスタートしました。以後、定期的に会議を持ち、相互の現場訪問を繰り返しながら意見交換し、メンバーの間にしっかり絆ができました。これからの社会は、すべての課題が地域社会に集約されることを考え、子ども社会に分断の溝を作らないように何事も共有し、支援者間の顔の見える協働とともに、当事者が大切にされる地域社会の実現をめざして連携を深めています。

　発足前のことを少し振り返ってみたいと思います。民主党政権時に作成された里親委託優先の原則、委託率30％が出された時です。「里親だ」「施設だ」、社会的養護の養育論をめぐって激しいバトルが展開されていました。これまでも制度や取り組みが変わる時、かならず論争が起こりました。どちらが良し悪しの問題ではないのですが、その騒動の中で副産物として社会的養護の分断が起こるようなことは避けなければならず、少なくとも大分県ではそのレベルでの議論はしたくありませんでした。

　当時、私は施設協議会の会長の任にあったのですが、施設協議会としてまず、里親制度の正しい理解を基に里親会をバックアップしていこうと、協力と支援の話し合いを続けました。里親会の会長、ファミリーホームの会長には何度もお会いし、会議にも毎回出席させていただいて熱っぽく話しもいたしました。会議場としても施設を提供し、研修もオープンにして自由参加してもらい、施設の見学や、職員との交流、顔の見える関係作りを積極的に行ってきました。里親さんたちとのふれあいの中で育まれていく信頼関係が機会あるごとに肌で感じられるようになり、改めて種別横断的に話し合う場の必要を感じました。

　今日、連携、協働が叫ばれていますが、目の前にいる１人の子どもの課題が１つの機関で完結することはありません。連携と協働は１セット。これがうまくいかないとそれぞれの機能はバラバラになって孤立してしまいます。

１＋１＝３になる効果を生み出すための連携、協働のシステム作りを考えています。立場、習慣、伝統、価値観等々、様々な違いは時として誤解を生じることもあり理解し、共有し、協働する過程に知恵を絞らなければなりません。

　すでに各自治体のもとで「社会的養護推進計画」がスタートしていたのですが、突然「課題と将来像」の全面的見直しとして「新しい養育ビジョン」が提示されました。数値目標や期限まで設定されて、強い締め付けを感じます。我々の現場は一朝一夕で成るものは何もありません。日常の平凡な小さな積み重ねの賜ばかりです。乏しい予算の中で子どもと共に歩んできた先達は、誇りで動いてきたのです。その中で人材が人財に育ったことも歴史が証明しています。いかなる制度もこの誇りを刺激するものであってほしいと願っています。150年前の維新を思い出しますが、マゲを切り、下駄を靴に履き替えても、心にある古いものを捨てることなく、上手に西洋文化をとり入れました。長い歴史の中で人々の間に根づいてきた、価値観、伝統、文化を活かさずして成就するものはありません。施設の築いてきた社会的養護の潜在能力も地域社会の中に大きな力となって表れてくるでしょう。

　今、大分県は３つの日本一に挑戦しています。その１つが本稿の副題である「子育て満足度日本一」です。2019年、ダイヤモンド誌で「子育てにストレスを感じるかどうか？」での全国調査があり、都道府県別のランキングが発表されました。子育てにストレスを感じないということでは、大分県の女性がランキング１位、男性は沖縄に次ぐ２位でした。大分県は、子育て環境に強い関心を持つ風土が地域社会にあるということでうれしいニュースでした。私は、地域社会は「大きな家族」であると考えています。どのような家族を作っていくのか？　「幸せの創造」がなければなりません。また、その家族の中に社会的親としての資源を持つシステムが必要になります。地域社会の役割はますます大きくなり、福祉サービスはすべてニーズの創造にあります。連絡協議会も大きな期待を背負っています。「大丈夫だよ!!」がいっぱいの大分県でありたいと思っています。

（児童養護施設清浄園施設長　出納　皓雄）

第10章

児童家庭支援センター
「和（やわらぎ）」の活動

古屋 康博

1. はじめに──設立経緯、事業内容、運営方針

　「和」の設立背景は多くの児童家庭支援センター（以下「児家セン」）とは
それを異にしています。当時、県内の一時保護所は大分市1箇所のみで中津
児相管内になく、一時保護・ショートステイ児童は児童養護施設内で措置児
童と混合養育していました。しかし一時保護児童が持ち込んでくる問題
（性・薬物等）に施設は混乱していました。このため県北地域の一時保護ニー
ズを充足するため児家セン制度を利用して2007年「和」は設立されました。
事実上は「一時保護施設」としての開設でした。このような背景により
「和」には相談室やプレイルームといった児家セン必須の設備のほか一時保
護室、母子保護室、キッチンやバス・トイレなどがあり、子どもや親子が短
期で暮らすには十分な機能を備えています。

　そうして誕生した「和」は、この「一時保護施設」機能に加えて、国の設
置要綱で定められた「児家セン機能（24時間電話相談受付や市町村支援）」も
実施しなければならず、少数の職員体制で相談機能と一時保護機能の双方を
求められることになりました。

　さらに開設当初は地域住民からの認知度は皆無であったため、地域の顕在

的・潜在的な養育ニーズを知ること、そしてそれを行政につなぐなど子育て家庭と行政とのインターフェースになることをめざしましたが、運営が軌道に乗るまでかなり時間を要しました。「児童家庭支援センター」という漠然とした言葉のイメージから「そこは何ができる場所なの？」といった疑問が聞こえてきたので「地域住民からいかにして認知してもらえるか」「関係機関からいかにして使われるか」を考えました。事業内容つまりソフトに訴求力を持たせ地域からの信頼を得ることが必要と考えました。そこで地域住民との距離を縮めるため、地域の子ども家庭に対してプレイルームの開放を毎日行いました。プレイルームを訪ねるお母さんとコミュニケーションを取り、子育ての悩みや困りを丁寧に聞き、潜在的なニーズを把握しました。そこでわかったのは地縁や血縁のない若い母親が見ず知らずの土地で懸命に子育てを行っている実態でした。プレイルーム利用者には基盤が脆弱な家庭が一定数存在し、突発的な出来事（事故や病気）に耐えられない構造的問題があることがわかりました。そうした地域住民の声を行政サービスにつなげていく必要性を感じました。当時中津市にはトワイライトステイの制度はなく、プレイルームを訪れる母親の「休日や夜間に子どもを預けられる場所がない」という声をキャッチし、それを市に働きかけた結果、「トワイライトステイ」が市のメニューに加わりました。またプレイルーム利用者の「子どもへのかかわり方がわからない」という声に応える形で、保護者向けに「ペアトレ教室」を開始しました。この取り組みが口コミで評判を呼び、市内各地域で各事業所がペアトレを行うことになりました。またライセンス取得講座も実施することでこれまで数十名の支援者養成を行い、地域の子育て文化創生の一翼を担うことになりました。

　ところで児家センの運営基準は相談員2名（常勤1／非常勤1）、心理士1名の計2.5名体制が標準形です。これだけ職員の絶対数が少ないと自らの組織で可能な範囲は限られます。「和」が主体となって地域全体をコーディネートしながら関係機関を牽引することは困難です。そこで行き着いたのは「関係機関との協働」です。「和」が地域の関係機関からカウンターパートとしての指名を受けリンケージしながら事業展開をします。事業構成は①相談支

援、②生活支援、③地域支援、④ネットワーク構築の4部門で、他機関との連携協働で実施しているものがほとんどです。基礎自治体から「行政としてこんなことをやりたいのだが、『和』は協力可能か、あるいは業務委託可能か」と政策のコラボレーションを持ちかけられます。母子保健担当課から乳幼児健診での発達・しつけ相談や母子保健研究会への参加依頼、児童福祉担当課から要対協各会議及び共同管理台帳連絡会への参加依頼をはじめショートステイ、養育訪問支援事業及び支援対象児童等見守り事業の委託契約、教育関係からペアトレ講師依頼、県北高等学校養護教諭部会アドバイザー等、関係各所とのタイアップが増えています。児相とは家族支援合同研修会や親子関係再構築事業を共同で立ち上げ児童福祉法第27条による指導委託は急増しています。

　行政は定期的に人事異動があるため支援が継続できにくい側面が付随しますが、民間団体はそうしたデメリットを払拭できます。この構造を行政機関も把握・認識し支援の質が担保された民間団体と組んでおきたいという意識が感じられます。そうしたことからセンターが所在している児相や基礎自治体からは一定の信頼は得ておくことが必要です。

2. 児家センでの一時保護・ショートステイ

　一時保護・ショートステイ（以下「一時保護等」）はその性質上、前もって予告されず突発的にニーズが発生するため「待ったなし」の緊急対応となることが多く、これまた性質上、短期利用となることが一般的です。一時保護等機能は地域のインフラである「消防署」や「救急病院」と類似しています。平時は意識されることが少ないが緊急時には確実に必要とされる社会資源。今晩行き場のない子どもの居場所を担保する。地域社会に与える安心感は大きいと自負すると同時にその責任も生じます。

　「和」では一時保護等を児家センで受け入れます。「なるべくその子どもの家庭生活と大きな変化がない」ことが原則です。児童養護施設とは別空間なので混合処遇は生じることはなく個別にケアができます。自分の枕や毛布などの寝具、ぬいぐるみやおもちゃ・ゲームなどの嗜好品、携帯電話やタブ

レットなどの通信機器の持ち込みは原則可能です。また児相の職権保護以外は原籍校への通学を行います。管轄地域が広いので片道30分以上かけて送迎することもあり、入所ケースが複数生じると朝夕の送迎負担が大きくなりますが、子どもの最善の利益を考えたときに教育や学校生活（友人）の保障はマストです。これは「和」での暮らしが家庭生活の延長線上にあることの、子どもや保護者に対してのメッセージです。ただでさえ子どもは保護者や学校、友達等の地域社会と分断されたことにより不安や喪失感を抱いています。その寂しさや哀しみ、やるせなさを最小限に抑えられるよう私物の持ち込みを制限せず、原籍校に通学させ、職員は子どもたちを温かく迎え入れます。職員が大切にしていることは「一期一会」の感覚です。自ら希望して入所してくる子どもたちはまれです。児相の職権保護などは一時保護所に移送するまでの短期間、短ければ深夜に入所し1晩だけ滞在し翌朝に移送というケースもざらにあります。しかしどのようなケースに対しても入所の際は「こんばんは。初めまして。やわらぎの〇〇です。よく来てくれたね」と歓迎します。好きな食べ物やおやつ、好みの玩具・キャラクターを子どもから聞き可能な限り入所中に準備します。たとえ短期間であっても「大人から大切に扱われた」「心地よい」体験を保障します。

【事例】

　小学校4年の女の子。母親の入院のためにショートステイを利用。彼女は以前、隣の施設に入所していました。施設を退所して1年が経過した頃、母親が1週間入院することになり、母子家庭で近隣に頼れる人もいなかったことから「和」でのショートステイとなりました。1年ぶりの再会です。どんな表情をして彼女が来るのか楽しみにしていました。しかし想像と違って正直なところ驚きました。表情は虚ろ、皮膚はカサカサで、手足にはひどいしもやけがありました。母親は入院が必要な状態だから十分なケアができなかったのだろうと想像しました。ですから職員は1週間だけでも丁寧なケアを心がけました。一緒に買い物に行きおやつや料理を作り、何気ない日常を過ごしました。また小学校がやや遠い位置にあったので学校への送り迎えを毎日しました。そして1週間が過ぎた頃、母親の退院日と彼女が「和」を去る

日が決まりました。さぞかし彼女は喜ぶだろうと思っていたのですが、明日家に帰れることを伝えると反応は「ああ、そうなん……」というもので、少し気になりました。

　そして翌朝、彼女を小学校まで送っていきました。「じゃあね。元気でね」と言い手を振り別れました。彼女はこちらを何度か振り返りそのたびに手を振っていました。その後「和」に戻り片付けをしていると、職員に向けた手紙が机の上にきれいに並べてありました。

　封筒の表にはこう書かれておりました。「お世話になりました。また来たいです」。そして手紙には「本を買ってくれてありがとうございました。一番お世話になりました。もっとお手伝いがしたかったです。朝、送ってくれてありがとうございました。もうちょっとやわらぎにいたかったです」。裏にもメッセージが添えてありました。「ママを助けて、楽にさせてあげます」。他の職員に宛てた手紙にも同じ内容が書かれていました。「この手紙にはどういった意味があるのだろう」と職員で話をしました。すると今度は彼女の小学校からの電話が鳴りました。「給食の時間に彼女が泣いていて『もっとやわらぎにいたかった』と言っているけど、そちらでの様子はどうでしたか？」。「私たちが甘やかしすぎたかもしれません」と言い手紙のことを話しました。

　それから数日経ったある日、児相から電話がありました。内容は「お母さんが彼女を児相に連れてきた。お母さんは『言うことを聞かないので激しく何度も叩いた。もう自分では育てられない』と言っている。また預かってもらえるだろうか」というものでした。実は、1年前に家庭に戻りしばらくした後から母親の体調が悪くなり、経済的にも精神的にも余裕のなくなった母親は彼女に不適切な養育を行っていたのです。後に彼女から聞いた話では、真冬でも暖房もつけさせてもらえず毎日冷え切ったお風呂に入っていたそうです。その話は彼女が「和」にいる間、職員にしませんでした。手紙にあるように母親とまた一緒に暮らしたい、病気の母親を支えてあげたいという気持ちだったのでしょう。心の中の様々な葛藤があの手紙に描かれていたのだと思います。

　子どもの言動や状態から家庭での様子をイメージすることの大切さを気付

かされた事例でした。彼女は今、施設で暮らしています。明るい表情も戻ってきました。いつまで施設で暮らすのかはわかりませんが、今後も成長を見守りたいと思っています。

　林浩康は『子どもと福祉　子ども・家庭支援論』（福村出版、2009年）の中で、「支援とは、子どもが安心かつ安全な環境のもとで、信頼できる人とのかかわりにおいて『話を聴いてもらえた』『無条件に受け入れられた』『自分のことを大切に思ってくれている』という実感を子ども自身がもてる環境を保証することである。そうした過程を通して、子どもは自尊感情を回復することができる」と述べています。もう二度とこの子どもとかかわりがないかもしれないけど、だからこそ全力で受け止めよう。そう肝に銘じています。このほかにも、本項では詳述ができませんでしたが、「和」では親子でのショートステイや出産後の母子のショートステイも受け入れ、同様のかかわりを行っています。

　児家センのソーシャルワーカーが、保護者との協力関係の中、家庭生活の様子をイメージしながら直接子どもにかかわり衣食住をケアする意味は大きいものです。そうすることで養育のしんどさを保護者と共有でき、保護者の困りについて具体的場面を肌で感じ、それが助言等につながります。相談とショートステイ対応が同じ職員により行われることで家庭を包括的にケアすることが可能となり、利用後の継続支援につながります。

　今でこそ全国各地に一時保護施設が生まれつつありますが、平成の時代は措置児童も一時保護児童も児童養護施設で混合養育するのが当然でした。備忘録ですが開設2年目の2008年、全国児家セン研究会で「和」の一時保護等対応について実践報告をすると、全国津々浦々の児家センから「そんなのは児家センの仕事ではない」「児童養護施設がやるべきだ」と集中砲火を浴びました。当時は忸怩たるものがありましたが、シンプルに「これは子どもにとって良いこと」「いずれ必ず時代が証明する」と確信し、信念を持ち今日まで続けてきました。それから十余年が経過し「横浜型児家セン」なるものも誕生しショートステイ実践が児家センの一類型として認められつつあることは、その必要性を社会が認知したと考えます。そうしたことから県内拠

点都市（各保健所管内）に「和」のような宿泊型施設の設置が望まれます。

3. 在宅支援サービスとしての児相指導委託 ——児童ケアマネジメントの発想と実践

　児童福祉法第3条2「家庭養育原則」。親子分離後の子どもの居所より「親子分離しない家庭養育」への支援に焦点を当てる必要があります。「支援を必要としている家庭に、必要な支援が届いているか」「必要な支援を行っているのに、それでも家庭養育が困難だから親子分離やむなしという判断となっているのか」の視点が大切です。現在の在宅支援施策はショートステイ中心ですが年間の利用日数が自治体の内規で定められており、支援が必要な家庭にとって安心できるサービスになり得ていません。目の前には支援を必要としている子どもがいます、さてどうしましょうか、という時に辿り着いたのが、児童福祉法第27条による児家セン指導委託という方法で、本来、国や行政が想定した手法ではありませんが、「和」では制度の隙間を埋める方法として中津児相にお願いして活用させてもらっています。例えば一時保護委託解除後やショートステイ限度日数消化後も家庭の養育力に課題があるため問題が継続するケースが対象となります。具体的には「和」の居住部分や養育で培ったノウハウを活用した支援、子どもとの関係性保障を軸にした、アウトリーチ、デイサービス、ショートステイなどの在宅支援3本柱をパッケージにして包括的に家庭を支援しています。児相・市・児家センがケースの「共同ケアマネ」となりプランを組み立て、そのプランを実施するのが「和」です。指導委託の流れですが、まず児相、市、「和」で指導委託内容を協議します。それを保護者に承諾をもらい措置書を通知、その後「和」がサービスを実施します。そして実施後に児相や市に報告を行います。

【事例】

　具体的な指導委託事例を紹介します。3歳と2歳の姉弟と母、母方曾祖父の家庭。ネグレクトの要対協ケース。母は夜間の飲食業従事で自宅に不在、主に曾祖父（68）が養育。曾祖父は姉弟に対して愛情あるも月に数回の夜勤

がある。課題として①曾祖父は月数回の夜勤時に養育できずショートステイの年間7日間もすぐに消化する。②家庭内での放任度が高く姉弟の生傷が絶えない。大きさの合わない衣類を着用。③乳幼児健診未受診・予防接種未接種等。この家庭に対してショートステイの限度日数を使い切った時点で児相・市・「和」でケース会議を実施し、支援方針を「曾祖父の養育を支える」ことにしました。「和」で可能なこととして曾祖父の夜勤時の養育や予防接種・乳幼児健診受診を提案。児相が親権者である母に指導委託内容を提案し承諾。そして実際に曾祖父の夜勤時（月に4、5日程度）に短期養育の利用があり、乳幼児健診や予防接種にセンター職員が連れて行きます。

　指導委託の他の事例としては、措置解除後に家族の困りに対応し家事支援やレスパイトを行っているケースや、「このまま放置すれば非行グループに入りそうな兄弟の居場所になってほしい」という要望が児相からあり、子どもの生活ケアを中心に食事や遊び、学習等の関係性支援、あるいはペアトレ等の保護者支援を通して親子を支援した事例があります。

　これまでこうした支援が必要な家庭に対して、家庭の様子を「見守り」ながら「親子分離」のタイミングを見計らっていたように思いますが、**「家族維持のために何ができるか」**という視点をもとに指導委託で対応します。こうした在宅支援の実施により、養育者とのパートナーシップや子どもとの関係性が形成され、それが発達保障や虐待予防、さらには家族維持というパーマネンシー保障につながっていくことが期待されます。課題はサービスの質の担保と量の整備です。「和」には訪問支援での安全確認等のノウハウはなかったので、人材育成を含め今後の課題と考えます。それ以前に問題なのが市町村の在宅支援メニューで、訪問による単純な見守りだけでなく家族維持を最優先に考えたパーマネンシープランニングができる制度開発が望まれます。具体的には、子ども家庭に対しての直接的かつ包括的な在宅措置制度の創設です。同時に私たち現場は既存の制度の枠を超え制度改善や新しいサービス開発を意識した実践が求められます。

4. 新しい試み：「支援対象児童等見守り強化事業」
——アウトリーチ

　2021年度から中津市からの委託で「支援対象児童等見守り強化事業」を開始しました。これは、新型コロナウイルス等の影響で見守りや支援が必要な子ども家庭に対して、週に1度の家庭訪問を通じてお弁当・日用品の宅配や生活支援及び学習支援を行うことによりその家庭を見守る事業です。開始半年時点で、15家庭から20家庭に対して訪問を行っています。

　利用プロセスとしては、まず市や社協、SSWから支援対象家庭の情報が抽出され支援家庭の選定を行います。次に、それまでかかわっていた機関が同行し初回の家庭訪問を行います。その際に趣旨や内容を説明し、保護者に申込書等（支援内容及び期間、個人情報取扱）の記入をしてもらい、その翌週から職員がお弁当などを持って訪問を行う流れです。

　毎日午後4時ぐらいになると職員がお弁当作りを始めます。訪問前にはSNSで時間の確認を行い、約束の時間に訪問し子どもにお弁当を直接手渡します。玄関先の立ち話のみで終わる家もあれば宿題を手伝い子どもの話し相手をする家もあります。職員はなるべく家庭での滞在時間を多く持ち、家族との関係形成や家庭内の観察を行うことを試みます。しかし訪問後に「お弁当を持ってきたら早く帰ってほしい」と市に連絡があったこともあります。利用者に感想を聞くと「父子家庭にはありがたく本当に助かりました」「美味しいねと言ってニコニコしながらお箸が進んでいます。お弁当の日が楽しみで仕方がないみたいです」などの返事があります。

　月に1度、市との連絡会を開催し支援の進捗状況を報告します。またケースごとに定期的（3か月）な評価を行い継続するか否かを判断しています。これまで児相や市が訪問しても居留守を使い、なかなか玄関のドアを開けてくれなかった家庭が、私たちがお土産を持って訪問することで初めて家の中に入れたというケースもありました。事業効果としては本事業の構造が「支援」のアクセシビリティを高めます。そして何よりも家庭とつながりやすいし切れにくい。よって継続したモニタリングができるので、家族内の状態変化を捉えやすい。またヤングケアラー世帯では、訪問日のケアラーの家事負

担を抑えることができます。物的な支援だけではなく、子どもに対して直接的なメンタルケアも可能です。

　課題としては、依存・バウンダリーの問題があります。支援要求が強いケースもありますが、本事業が家庭のお財布代わりになってはならないと考えます。支援の目的や枠を予め決め家族と合意をしていることが重要です。また有期の事業ですので終結の判断やタイミングも難しく、問題の先送りになっているケースも実際あります。職員には様々な力量が要求されます。

　この事業はコロナ対策として創設された事業であり、アフターコロナ局面で事業自体があるのかもわかりません。しかし、コロナ云々にかかわらず効果が感じられます。子ども家庭への直接的支援サービスの貴重なソフトとして、本事業の継続を望みます。また本事業継続のために大分県が奔走されていることに感謝します。

5. 親子関係再構築「かるがもステイ」
──親とのパートナーシップと当事者参加

　2015年より中津児相の事業に協力する形で、親子関係再構築事業「かるがもステイ」に取り組んでいます。これは家族再統合支援の一環として主に被措置児童の親子を対象に、親子分離後の初回一時帰省や家庭復帰前の親子関係改善を見立てるプログラムとして活用します。具体的には親子で調理や食事などの諸活動や宿泊体験に取り組み、子どもへのかかわりの助言等を行います。また家庭復帰検討ケースでは、復帰後の支援者となる市や学校の支援者を招き安全パートナリングのエッセンスを用いた「家族応援会議」を開催します。そこで子どもの安心安全を中心とした家庭復帰後の支援体制について、家族とともに確認を行います。かるがもステイの肝になるのはこの「家族応援会議」で、「三つの家」という手法を使い「心配なこと」「うまくいっていること」「これからの希望」の項目について家族と一緒に話し合いながら状況のアセスメントやプランニングを行います。小学生以上であれば子どもも参加します。そこで家族自身や関係機関が今後のプランの提案を行い、家庭復帰に際して想定される不安に応じます。家族の感想として「育児

に対して前向きな気持ちをくれました。相談したいことがあればここに寄ろうと思った」「客観的に見たときにどこが心配なのか安心なのか理解できた。頼れる人がどれだけいるのかも改めて確認できた」とあり、かるがもステイや家族応援会議が家族と支援者とをつなぐ役割を果たしていることがわかります。子どもの権利擁護を主眼に置き支援対象者に関してのアセスメント（家族のパーソナリティ、育児手技等の養育力、在宅で生活する場合の必要な支援）を当事者や関係機関とともに共有し、支援方針について共通認識を持つことができます。詳細については、かるがもステイの生みの親である中津児相家族支援チームによるコラムをご参照ください。

6.　まとめ
——地域の児童福祉実践（ソーシャルワーク）機関として

　「和」は「社会的包摂」という言葉をキーワードに虐待予防における1次から3次予防として各種取り組みを行っていますが、そのどれについても児相や市と連携協働しています。本稿では詳述できませんでしたが、小児科医の井上登生氏主宰の多職種研修会「中津スペシャルケア研究会」等での取り組みにより「顔の見える連携」が構築され、それが地域連携における肥沃な土壌を作り、その結果、関係機関と「和」のような専門職相互のコラボレーションがいたるところで行われています。しかし中津市の連携の強みを考えた際、同時にソフト面、つまり「子どもを想う支援者と支援者とのつながり」がその真髄です。端的に言えば関係機関相互の信頼感です。関係機関の業務や視点を理解し信頼しリスペクトする関係が他機関との間で形成されています。ただし連携は双方向的であるべきで、「和」に商品（ソフト）としての価値（質の担保）がなければそれはなしえません。単純なことですが、「和」が人と場所に付加価値をつけそれぞれの価値をあげる。付加価値、言うなれば、専門性は地域の支援機関として認知・信任され活動展開をしていく際の生命線です。少数精鋭のチームである児家センが地域に訴求できるものは何か。「和」の強みを考えると、児童福祉施設に附置されており生活を基盤にした支援が展開できることです。行政機関ではなしえない機能を補完

することができます。また地域から相談を受けサービスをコーディネートしていくこと、生活やソーシャルワークをベースにした在宅支援の実施により子どもたちの「暮らし・生活を守る」ことが可能になります。具体的には①宿泊機能、②衣食住を中心とした生活支援、③ソーシャルワークの考えに基づいた支援、④ニーズに対して速やかにかつ柔軟な対応、です。今後はこうした活動を横展開したいと思っており、2022年に日本財団の支援を受け県内児相空白地域（日田市）に宿泊型の児家センを新設しました。新たな挑戦が始まります。

　「和」は地域の児童福祉実践機関として、多面的な視点での事業運営を心がけてきました。ミクロ的には対人援助（ケースワーク）の専門性が求められます。ソーシャルワーク実践で子どもや家族に対して直接的なアプローチを行い、当事者の権利擁護やエンパワメントを行っていく視点です。次にメゾ的視点、地域社会から見た児童福祉施設のあり方です。求められているニーズを満たし地域社会から信頼され必要とされているか、あるいは地域社会にない事業を実践し自らが新たな社会資源となっているのか。児童福祉「制度」は全国遍く標準化されるべきですが、児童福祉「施設」は地域に根付いてこそ、その機能を十分発揮されるものです。地域に根付かせるために必要なことは何なのか、それは地域ニーズに応えていくことです。最後にマクロ的視点。「和」の実践の効果や課題を社会に対して発信し、制度改善や新しいサービスを開発しているか。社会に対してのソーシャルアクションが求められます。こうした活動により社会課題の改善に寄与することが肝要です。

　福祉の実践活動は普遍的なものです。「何のために」という目的を忘れてはなりません。私たちには福祉の実施機関として社会から要求されているミッションがあり、その使命を実現させようとする情熱が職員の個々にあふれています。これからも「子どもが生まれた家庭で暮らしやすい社会を創造していく」ことをめざしたいと思います。

コラム　かるがもステイ事業

　この「かるがもステイ事業」は、「親子が一緒に泊まれるような機会があるといいなー」という児童相談所職員の一言から始まりました。施設入所や不本意な一時保護で離れて暮らす親子の再統合を児童相談所が検討する際に、生活を通したアセスメントと助言を行う目的の事業です。同僚職員が、宿泊型の国の事業に気がつき、人にも恵まれて、新規補助事業として2016（平成28）年度にスタートしました。

　この事業の特長は、3つあります。1つ目は、児童相談所と児童家庭支援センターが連携して行う、官民協働の事業であることです。2つ目は、家族のアセスメントが深まることです。長い時間親子関係をスタッフが見守る中で、"家族ができること"を発見できます。子育てで課題を抱える親に、生活を通したアセスメントで助言もできます。「ごはん、お風呂、寝かしつけ」と、実際の日常生活を親子が体験し、保護者が大変さに気づき引き取りを先延ばしした家族もありました。3つ目は、「三つの家」を使った「家族応援会議」がプログラムされ、当該家族だけではなく、その関係機関も参加し、オープンに情報共有がなされ、家族を中心に関係性が構築されることです。

　この事業は、児童相談所が児童家庭支援センターに委託して行われるため、実施の主体や宿泊し過ごす場所は、児童家庭支援センターであり、実際に生活体験の中で接する職員も児童家庭支援センターの職員となっています。

　宿泊型のスケジュールは、1日目：はじまりの会、個別面接、親子交流、夕食、お風呂、就寝。2日目：起床、朝食、親子ゲーム、親子で昼食作り（たこ焼き）、家族応援会議、おわりの会となります。

　「かるがもステイ事業」の中で、家族の幸せが垣間見える瞬間は、やはり食事場面です。お昼にみんなでたこ焼きを作ります。やってみるうちに、たこやき作りは、親子で作業を細かく分担できること、親の家事能力も観察ができること、小さい子でも気軽にできて、それぞれが別々に作業を行っても最後はわりとうまくできることがわかりました。少しぎくしゃくした家族は、

丸くまとまるたこ焼きを見つめていればよいので、視線に困らず過ごせます。また、食事を共にするということは、警戒心がとけることもあり、頑なな態度の保護者が支援者に心を開いて話をしてくれることもあります。たこ焼き作りは、たこ焼きが最初はどんなに不格好な形でも、最後は丸くおさまるので、みんなに楽しい記憶として残るように感じます。

　このように保護者と少し距離が縮まったところで、「家族応援会議」へ続き、皆がホワイトボードに向かって、「これからのことを一緒に考えよう」と情報を共有し、家族がエンパワメントされ、気づきも生まれ、関係機関との信頼関係やネットワークが形成されていきます。保護者は、渋々ではなく、自ら主体者となって子どもの安全構築にかかわっていく存在になります。また、関係機関とのパートナーシップも育まれ、アフターフォローや関係機関の受け入れも良好になります。

　しかし、「かるがもステイ事業」を行って家族再統合を果たしたケースが、再び別々に暮らすようになることもあります。その場合でも、誰かに頼るということがどの家族もできて、話し合える関係が続く傾向があると感じています。

　この「かるがもステイ事業」の実施は、以前は児童相談所が主体で行っていましたが、2019（令和元）年度から児童家庭支援センターが主体で行っています。今後の課題は、この事業をより活用していくことと、その人材を育成していくことです。

　全国の児童養護施設等で、一時保護専用施設の設置が進んでいます。今後、本園施設に併設されている親子訓練室などを活用して、この「かるがもステイ事業」が児童相談所や市町村と連携した家族関係再構築支援として普及することが期待されます。

　　　　　（社会福祉法人清浄園　佐藤 浩二、児童相談所　本田 しのぶ・永淵 悦子）

第11章

発達障害

清田 晃生

・・

はじめに

　2005（平成17）年4月の発達障害者支援法の施行から17年が経過し、発達障害児者への理解と支援には一定の進展があると思われます。筆者は児童精神科医として、四半世紀の推移を経験し、その変化を痛感しています。大分県における通常の学級に在籍する発達障害の可能性のある幼児児童生徒数や特別支援学級の在籍者数の増加（**図表1、2**）は、ひとつの証左だといえます。

　一方、大分県には公立のこども病院や療育機関はなく、そのため発達障害の子どもたちの診療や支援は、民間医療機関が地域の関係機関と協力しながら行っているのが現状です。この点は、地域に根ざした支援を行うという意味で長所もありますが、他方で県全体としての方針や方向性を担保することは難しく、支援水準の地域間差が大きくなる危険をはらんでいます。

　本稿では、児童精神科医としてかかわってきた経験を踏まえて、大分県の発達障害医療・支援の現状と動向について報告します。

きよた・あきお　大分療育センター

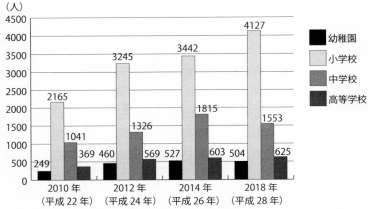

図表 1　通常の学級に在籍する発達障害の可能性のある幼児児童生徒数
出所：大分県教育委員会. 第三次大分県特別支援教育推進計画（2018）

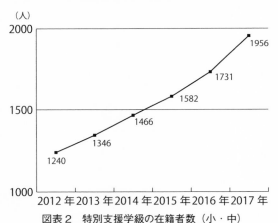

図表 2　特別支援学級の在籍者数（小・中）
出所：大分県教育委員会. 第三次大分県特別支援教育推進計画（2018）

1. 5歳児健診事業

　発達障害の子どもに対して、早くから適切な支援を行い、二次障害を予防するとともにその子の強みを活かすような支援を行うことが重要です。大分県では、発達障害への早期の気づきと支援を目的に、2012（平成24）年度から5歳児健診の普及をめざした医師派遣事業が県の委託事業として開始され

ました。

　3歳半の乳幼児健診から就学時健診までの時間的ギャップを補い、就学に向けた準備を早くから開始することにより、円滑な学校生活を送ることを期待して5歳児健診が行われています。

　自閉スペクトラム症（以下、ASD）については、乳幼児健診での精度向上をめざすことが全国的に拡がっていますが、大分県の状況を考えるとまずは5歳児での様子を把握し、必要に応じて就学前に療育などへ引き継ぐことは有用だと考えます。

　大分県では、自治体により運営方法に細かい点で違いはあるものの、基本的コンセプトとしては、①地域の関係者からの情報やSDQなどの尺度等を活用し、家庭や幼稚園・保育園で心配な子どもを抽出し、②地元小児科医や心理・療育スタッフによる健診を行い、③専門医による健診という構造となっています。

　5歳児健診事業に参加する中で、関与する小児科医や保健師らの発達障害への理解度が徐々に深まり、結果としてより早期の乳幼児健診で把握される子どもたちも増えてきたと感じています。また地域の支援力が向上し、本当に医療を必要とする子どもが療育機関へ受診しやすくなったとも感じています。療育を行う医療機関や福祉機関の増加とともに、受診までの待機期間の短縮に寄与していると考えます。

　現在この事業は10年目を迎え、2021（令和3）年度は県内18市町村のうち12市町で本事業を行っています。大分市や別府市という都市部での実施や事業継続の財政的な問題など、課題も残されています。

　また本事業の一環として、発達障害だけでなく子どもの発達を広く関係者に知ってもらい、地域の支援力向上を図るため、2015（平成27）年度から県内10か所での地域研修会を行ったり、関係機関でのネットワーク会議や県民向けの講演会を定期的に開催しています。幼稚園・保育園関係者に子どもの発達に関しての普及啓発を行い、結果として5歳児健診の精度向上に役立っています。

2. 発達障害支援の拡がり

1）大分県医師会発達障害連携協議会

　発達障害は成人精神医療においても重要な分野となっています。筆者が助言者として参加している、大分県精神保健福祉センター主催のひきこもり事例検討会でも、発達障害の視点から検討することが浸透してきていると感じています。

　一方、思春期・青年期での二次障害、特に激しい行動障害を呈する子どもへの対応や成人になってからのトランジッションの問題など、子どもの支援を行う側にとっても精神科医療の必要性は高まっています。

　こうした状況を踏まえ、大分県及び大分県医師会が中心となり、小児科医と精神科医の意見・情報交換を行う場として大分県医師会発達障害連携協議会が2019（令和元）年から開催されています。筆者も医師会選出委員として参加していますが、療育機関の受診待機期間の短縮を目的とする予約制度も話題となり、筆者の勤務先でも、原則として地元保健師などの関係機関からの情報提供をしていただく初診受付を行うこととなりました。今後も相互理解の進展やスムーズな連携につながる役割が期待されます。

2）発達障がい児地域支援体制整備事業

　5歳児健診を中心に、関係機関のネットワーク会議などを行ってきましたが、2021（令和3）年度から、より地域に密着した支援をめざし、5歳児健診医師派遣事業を包含した「発達障がい児地域支援体制整備事業」が開始されました。医療連携コーディネーターを設置するとともにこれまでのペアレント・プログラムの普及なども行い、県の他事業（例えば、各地域で保護者からの相談にワンストップで対応できることを目的とする「子どもの発達支援コンシェルジュ」の設置など）と連携していくことをめざしています。

　公的医療機関、療育機関がない現状では、発達障害児・者の治療や支援にかかわる各施設の工夫とともに、こうした**行政による事業は重要**であると考えられ、その意義を積極的に行政に伝えることも必要です。

3. 教育との連携

　冒頭に述べたように、学校教育で何らかの配慮を必要とする子どもたちは多くなっています。就学後も安定した学校生活を送り、彼らの力が十分に発揮できるには教育との連携は極めて重要です。発達障害に理解があり適切な支援に長けた教員は増えてきているとはいえ、依然として基本的知識に乏しい教員も多いのが現実です。教員の多忙さは筆者も知るところであり、一方で聞くところによると、研修の機会は減少傾向で、効率的な支援のため何らかの対策が必要と思われます。

　就学前からの支援に関する情報を小学校以後に引き継ぐツールとして**発達支援ファイル**がありますが、その活用度には地域差がみられます。大分県教育委員会も発達支援ファイルの活用を推進しており、上述の発達障がい児地域支援体制整備事業の2021（令和3）年度地域研修は、学校関係者を対象

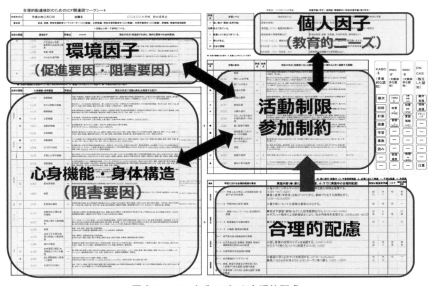

図表 3　ICF 大分モデルと合理的配慮

出所：大分県教育委員会特別支援教育課HP　https://www.pref.oita.jp/site/kyoiku/2000492.html

にこの発達支援ファイルの活用をテーマのひとつとしています。

　また2014 〜 2016（平成26 〜 27）年度に、大分県教育委員会特別支援教育課はICF（国際生活機能分類）を利用した、現状分析と支援の方向性を考えるワークシート（ICF大分モデル、**図表3**）を作成しました。現場での普及を考えるとより簡便な形式が望ましいのではないかと考えますが、多分野の関係者間での共通言語として、発達障害の子どもの理解や支援に役立つと思われます。こうした先駆的な考えを、現場に浸透するための手立てを医療からも提案していく必要があります。

おわりに

　冒頭に述べたように、大分県は発達障害の子どもへの支援という点では決して資源の豊かな地域とはいえません。そのため、子ども・保護者の思いを各施設で受け止め適切に支援するとともに、**より良い支援体制の構築のために、行政を含む関係機関との連携を意識しておくことが必要かつ重要**と思われます。

　どの地域でも、治療や支援を担う人材育成は大きな課題と思われますが、大分県でも同様です。医療においては、県の委託事業としてかかりつけ医研修事業も医師会が主体となり行われていますが、専門医が少ない状況の緩和が不可欠です。筆者も私的な研究会を細々と継続していますが、各地のこうした小さな動きを大きなムーブメントにしていくことが求められます。

コラム　児童発達支援センター

　大分県中津市では、厚生省の心身障害児デイサービス（児童デイサービス）事業を1998（平成10）年に井上小児科医院に併設した中津子ども発達行動相談室（通称、森の家）で始めました。当時、発達障害児の専門医療機関つくし園がありましたが、中等度から重度の子どもたちも通園していたため、言葉の遅れや行動発達の偏りのある幼児期の子どもたちの養育者や身内の皆さんの思いから受診や通園控えが起こることもあり、本来なら支援が必要な子どもたちでも障害がより明確になるまで通常の保育所や幼稚園、時には自宅のみでの生活をしている状態でした。当時、週1回つくし園の当直業務をしながら、菅沼育雄園長（故人）と協議し、まずは当院で児童デイサービスを始めようと考えたのが始まりでした。

　同じ頃、社会福祉法人萌葱の郷（もえぎのさと）の五十嵐康郎理事長も児童デイサービス事業の導入を考えておられ、大分県内で障害をお持ちの子どもたちの早期支援をどのように行っていくべきか何度かお会いして話し合ったことを昨日のことのよう思い出します。

　以後、2002（平成14）年12月24日に閣議決定された「障害者基本計画」、2003（平成15）年3月の「特別支援教育の在り方に関する調査研究協力者会議」の「今後の特別支援教育の在り方について（最終報告）」、それに基づき決定された「重点施策実施5か年計画」等を受けて、まず文部科学省で2004（平成16）年1月に「小・中学校におけるLD（学習障害）、ADHD（注意欠陥／多動性障害）、高機能自閉症の児童生徒への教育支援体制の整備のためのガイドライン（試案）」が策定されました。以後、現在の市区町村における特別支援連携協議会事業や障害者自立支援協議会事業に至る変革が続いてきました。

　一方、2012（平成24）年の児童福祉法改正において、障害のある子どもが身近な地域で適切な支援が受けられるように、従来の障害種別に分かれていた施設体系が一元化され、この際、児童発達支援は主に未就学の障害のある子どもを対象に発達支援を提供するものとして位置づけられました。この

後、2014（平成26）年7月に取りまとめられた障害児支援の在り方に関する検討会報告書「今後の障害児支援の在り方について」の提言を受けて、「児童発達支援ガイドライン」や「放課後等デイサービスガイドライン」が策定され、現在の市区町村の支援体制システムが整ってきました。

　今後は、各自治体の教育委員会部局、児童福祉部局、障害福祉部局等の垣根を超えてワンチームとしてこれらのシステムをいかに結びつけるかが重要になります。そのうえで、支援が必要な子どもとその養育者のニーズにそった切れ目のない支援提供に、チャイルド・ファースト、子どもの最善の利益の視点をいかに盛り込み、子どもにとって最も重要な家族を維持しながら支援を継続していくかが重要になると思います。

　発達障害の早期発見には、開業小児科医が乳幼児健診等を通してかかわっていますので、大分県小児科医会の立場から述べたいと思います。

　現在の大分県小児科医会では、次章の医療的ケアの章でも紹介されている佐藤圭右先生が中心となり発達障害関係の担当理事として活動されています。その前の世代では、大分こども病院や大分こども療育センターの藤本保理事長や故菅沼育雄先生が中心となり、乳幼児健診や幼児精密健診等の中から発達に偏りのある子どもたちを見つけ出し、各自治体の母子保健担当の保健師とともにフォローアップシステムを構築してきました。

　その他に、小児発達神経学や発達行動小児科学、周産期医療から継続して乳幼児の発達をフォローしてきた先生方が地域の核となりシステムを維持してきました。今後は清田先生にも述べていただいているように、5歳児健診事業や相談会、発達障がい児地域支援体制整備事業、大分県医師会発達障害連携協議会を通して、地域の特別支援連携協議会や障害者自立支援協議会（児童部会）などと連携していくことになります。

（医療法人井上小児科医院理事長　井上 登生）

《資料》
厚生労働省：障害児支援施策：
https://www.mhlw.go.jp/stf/seisakunitsuite/bunya/0000117218.html
障害児支援の強化について：
https://www.mhlw.go.jp/seisakunitsuite/bunya/hukushi_kaigo/
　shougaishahukushi/kaiseihou/dl/sankou_111117_01-06.pdf

第12章

医療的ケア

長濱 明日香

● ●

はじめに

　近年の小児医療の進歩に伴いこれまで助からなかった小さな命が助かり、元気に生活できるようになってきました。しかしその一方で、在宅人工呼吸器や吸引、経管栄養などの医療機器・医療的ケアを必要としながら生活する"医療的ケア児"が増加しています。2018（平成30）年度の厚生労働科学研究で行われた医療的ケア児の実態調査によると、2018年時点で1万9712人、そのうち人工呼吸器を使用しながら生活している児は4178人で、2005年からの15年間で総数は2倍、人工呼吸器を必要とする児は16倍も増加しています。大分県内においては、2020（令和2）年7月時点の大分県障害福祉課の調査で、在宅で生活する医療的ケア児は少なくとも124人ということがわかっています。

　このような在宅で生活する医療的ケア児の在宅医療・福祉の提供体制構築に関しては、厚生労働省が、先行する2011・2012年度の在宅医療連携拠点事業ののち、2013年度に小児等在宅医療連携拠点事業を実施したのが最初です。2015年度以降は、地域における在宅医療に関する人材育成を担う高度人材を養成するため、「在宅医療関連講師人材養成事業（小児在宅医療分

ながはま・あすか　社会医療法人関愛会坂ノ市病院

野）」の一環として、「小児在宅医療に関する人材養成講習会」が実施されています。本講習会は、全国各都道府県の医師と行政担当者を対象に年1回開催されますが、大分県からも毎年医師・行政担当者が複数名参加し、県内の小児在宅医療・医療的ケア児の支援体制構築を協働して進めています。

1.2人の人工呼吸器装着児との出会いと基幹病院での在宅支援

　筆者が医療的ケア児と深くかかわるようになったきっかけは、2人の人工呼吸器装着児との出会いでした。2011（平成23）年、筆者が県内の僻地診療所で4年間地域医療に従事したあと3度目に大分県立病院小児科に赴任した年のことです。ちょうどその時、入浴中のてんかん発作と思われる溺水で心肺停止の状態となり県立病院に運び込まれた中学生Aくんが入院していました。集中治療を受けて一命をとりとめましたが、脳へのダメージは大きく、脳幹反射はすべて消失、脳波も平坦化し、いわゆる臨床的脳死の状態で人工呼吸器と経鼻経管栄養が必要でした。当時の大分県立病院には、2009年〜2010年にかけての県委託事業である「周産期救急医療体制強化事業」によりNICUの在院日数短縮と早期の在宅療養への移行推進を目的としたNICU入院児在宅移行支援コーディネーターが配置されていました。Aくんの状態が安定し退院の可能性がみえてきた時に、NICU入院児在宅移行支援コーディネーターであった小児看護専門看護師の品川陽子さんが小児病棟からの依頼を受けて支援に加わることになりました。筆者はAくんの主治医ではありませんでしたが、小児神経分野の担当であったこと、及び自身の地域医療の経験から、気がつけば主治医と品川看護師と共に退院支援に取り組むようになっていました。明るく活発だった我が子が医療機器に依存しなければ生活できない状態となり、母親はその現実を受け止めきれず、転院、自宅退院いずれの決断もすることができませんでした。母親とは時間のある時に病室を訪れ、いろんな話をしました。Aくんが頑張っていたバドミントンの話、好きな飲み物の話、家族の話、母の願いや思い等々……。数か月間悩み、迷った末、ご家族はAくんを自宅に連れて帰る決断をされました。退院準備を進める際、当時は小児に対応する訪問看護師や在宅医を含めた在宅支援サービ

スは限られたものでしたが、それでも4年ぶりに大分県立病院に戻ってきた筆者が感じたことは、小児が在宅人工呼吸器を使用して自宅に帰れる時代になったのだ、ということでした。そして次に述べる退院までの一連の流れ、地域の関係機関との連携体制も含め、品川看護師を中心にしっかりと構築されていることに小さな感動を覚えました。家族の医療的ケアの手技習得、車椅子等の製作や障害者手帳・手当の申請、また在宅生活に必要な物品の検討や家屋の改修については品川看護師や病棟看護師、主治医と共に退院前に自宅訪問を行い、退院後の実際の生活をイメージして進めました。地域の在宅医、訪問看護師、ホームヘルプ事業所及びかかわる保健・行政、学校関係職、療育施設、在宅人工呼吸器や在宅酸素の業者等総勢20名近い方々が集まり退院前合同カンファレンスを開催後、退院時自宅訪問を地域訪問看護師、在宅医と共に行い、1年2か月の長期入院を経てAくんはご自宅へ帰っていったのです。時期を同じく翌2012年に3歳のウイルス性脳炎・脳症のBちゃんが入院してきました。Bちゃんも集中治療の甲斐なく発病から1か月後に臨床的脳死と判断される状態となりました。Bちゃんのご両親にとって大変辛い現実でありましたが、どのような状態であっても自宅に連れて帰りたい、という希望を最初から強く意思表示されました。母親は看護師さんということもあり、医療ケアの手技習得もスムーズで、約5か月の入院生活後に自宅退院となりました。

　その後、筆者はAくん、Bちゃんの外来主治医となり、在宅人工呼吸器を含む医療的ケア児の在宅生活に触れる中で、子どもたちが家族とともに暮らすことの大切さを実感すると同時に、小児在宅医療体制、医療的ケア児への支援体制の不足も痛感することとなりました。なんとかしなければという思いから、県立病院在籍中は、品川看護師、小児NP（診療看護師）、NICU医師らとともに院内の小児在宅支援チームの立ち上げにもかかわり、2015年10月、11月には、院内で小児科開業医向けの小児在宅実技講習会を開催しました。

　大分県立病院では現在新生児・小児在宅支援コーディネーターが専従配置され、小児在宅支援チームが、自宅訪問や学校訪問などのアウトリーチを積極的に行い、入院時から在宅移行期・在宅療養継続期の子どもと家族の支援

を行っています。

2. 坂ノ市病院での在宅小児支援

　小児在宅医療に深く携わるようになるにつれ、いつか自身で訪問診療を行いたいと考えていた筆者は、縁あって2016（平成28）年4月に社会医療法人関愛会坂ノ市病院（当時は坂ノ市クリニック）に異動、そこで小児の訪問診療を開始することとなりました。坂ノ市病院の母体である関愛会は、筆者の卒業した自治医科大学の先輩である長松宜哉現関愛会会長が中心となり2004年4月に設立した医療法人で、①地域包括ケアの推進、②地域貢献、③自己研鑽を理念として掲げ、キュアからケアまで地域で支える医療を実践しています。2021（令和3）年現在、県外2施設を含む医療機関（3病院、7診療所）、その他老健施設、有料老人ホーム、通所系サービス、訪問看護ステーション、訪問リハ、介護事業所、地域包括支援センターを展開しています。坂ノ市病院はこのうちの1つで大分市東部に位置する病床数36床の在宅療養支援病院です。2013年12月開設当初は訪問診療を中心とした有床診療所から始動しましたが、関愛会の理念をモットーに年々新たな事業を展開し、現在では高齢者デイケアもみの木、医療型特定短期入所きらりんを併設、院内のリハビリ器具を利用した地域住民向けのメディカルフィットネスジムABIESも運営しています。小児科医は筆者1名で、一般小児科外来の他、心身症・発達外来、医療ケア外来、訪問診療を曜日を決めて行っています。

1）小児訪問診療

　大分市内の小児及び成人に移行した患者0 〜 32歳延べ18人（2021年9月時点）の訪問診療に携わっています。1人を除いた全員が医療的ケア児者で、人工呼吸器が5人、気管切開のみが3人です。訪問診療では定期的な健康観察や処方、医療機器の管理や気管チューブ・胃瘻チューブの交換の他、血液検査やレントゲン、超音波検査等必要な検査も行います。小児の訪問患者さんは、基幹病院に通院しながら訪問診療を受けていることも多いため、病院主治医とも連携をとりながら患者さんの診療を行っています。また、成人の

訪問診療と異なることとして、外出がままならない保護者のニーズに沿って、きょうだい児の予防接種や体調不良時の診察を行うこともあります。ご自宅で訪問看護師さんも交えて緊急時の対応方法を確認したり、日頃の災害対策について話し合うなど、病院通院と比べ日常生活に即したきめ細かな対応が可能です。

　大分県立病院で出会ったＢちゃんは、筆者が坂ノ市病院へ異動後にそれまでかかわってくださった成人在宅医の先生からバトンタッチし、現在も訪問診療を継続しています。母親はパワフルな方で、2019（令和元）年６月に大分県医療的ケア児者の親子サークルここからを発足しました。サークルのサポーターとして訪問診療の際に時折相談に乗ったりもしています。

2）医療型特定短期入所きらりん

　医療的ケア児、特に在宅人工呼吸器のお子さんが日中通える場所が少ない実情から、2019年７月に病院併設で医療型特定短期入所を開設しました。県内２か所目の小児対応の日帰りの短期入所サービスです。定員は６人で、主な対象は医療的ケアが必要な重症心身障害児等です。子どもたちの安心・安全はもちろん楽しく過ごせることを第一に、お預かりの間は散歩や園芸等の屋外活動を含めた日中活動も積極的に行っています。また、高齢者デイケアもみの木の利用者との交流は当院の特徴と言えます。

3）地域包括ケアと在宅小児支援

　その他の医療的ケア児支援として、小児の訪問リハビリテーションや、成人期に移行した医療的ケア者の病院小児科から内科への転科にも対応しています。小児科開設前は高齢者医療・介護が主体であったため、病院スタッフには小児未経験者も多く含まれます。しかし、各職種それぞれが自己研鑽を積み、小児においても住み慣れた地域でその子らしい生活が家族とともに送れるように、新しいことにも臆さず協力し取り組めるところが当院の強みと考えられます。一方で、スタッフの質の向上や維持等に関する教育システムの確立は今後の課題としてあげられます。

3. 医療的ケア児に対する大分県の取り組み

　ここでは、筆者がかかわってきた内容を中心に述べたいと思います。

1）大分県小児科医会、日本小児科学会大分地方会の取り組み

　2018（平成30）年度に大分県小児科医会、日本小児科学会大分地方会それぞれに小児在宅医療委員会が設置されました。委員は実際に医療的ケア児の診療に携わっている病院、診療所医師、そして県や各地域医師会で中心的に医療的ケア児施策にかかわる医師らで構成されています。筆者が坂ノ市病院に異動し3年目のことでしたが、訪問診療の取り組みが認知されてか筆者が両会の委員長を拝命し、合同で活動を開始することとなりました。

（1）小児在宅医療委員会の開催

　年に2～3回の不定期でその時々の課題について協議しています。委員会には県医療政策課、県障害福祉課担当職員も参加し、協議内容が具体的な県の施策に反映されやすくなっています。これは、最初に述べた「小児在宅医療に関する人材養成講習会」に毎年医師、行政職員が参加することですでに顔の見える関係が構築できていたためと考えています。

　2020（令和2）年からの新型コロナウイルス感染症流行では、医療的ケア児の支援策に関し、本委員会が機能していたことにより迅速な体制整備につながりました。

（2）在宅小児かかりつけ医の新設

　大阪小児科医会の取り組みを参考に、2018（平成30）年度に在宅小児かかりつけ医登録制度の運用を開始しました。小児在宅医療の敷居を低く、携わる医師のすそ野を広げることを目的とし、訪問診療を行う医師のみでなく、外来で医療的ケア児の対応が可能な医師も含め在宅小児かかりつけ医と定義しました。

　県内の小児科医及び小児在宅講習会に参加した在宅医を対象に調査票を配

布し、FAXによる回答でリストを作成しました。このリストを大分県小児科医会のHPに掲載することで、各病院が医療的ケア児の居住地周辺のかかりつけ医、在宅医を探す手助けとなっています。また在宅小児かかりつけ医のスキルアップのために、希望者には訪問診療同行支援や相談対応も行っています。

　筆者が最初の在宅移行支援にかかわったAくんと出会った2011年当初は、小児の在宅医探しは口コミ等が頼りで、その当時小児の訪問診療に対応可能な医療機関は数件しか知り得ませんでしたが、2021（令和3）年4月現在の在宅小児かかりつけ医登録機関は55施設（登録医師71名）、うち往診／訪問診療が可能な機関は26施設（登録医師39名）で、登録機関数は年々増加しています。個々でみると対応する医療的ケアに限りがあり、医師の地域偏在の問題から小児の在宅医が充足したとはまだ言えませんが、10年前と比較し随分と在宅医にアクセスしやすくなりました。

　また、本会の取り組みとは別に、小児在宅医療に欠かせない訪問看護師に関しては、大分県訪問看護ステーション協議会が訪問看護ステーションの一覧を定期的に更新しHPに掲載しており、そこから小児対応の訪問看護ステーションを探すことが可能となっています。小児対応の訪問看護師も少しずつ増加しています。

（3）その他の取り組み

　後述する「大分県小児在宅医療提供体制構築事業」の運営に積極的に取り組んでいます。また、2018年度から医療的ケア児の協議の場である大分県自立支援協議会子ども部会に医療分野からの委員として参加し、事業内のおおいた医療的ケア児等支援関連施設連絡会で抽出した意見も踏まえ、政策提言しています。

　その他、医療的ケア児の移行期医療への支援として、成人に移行した患者（トランジション患者）の急病時の入院受け入れ先の1つとして主要な県内の三次救急医療機関にも協力を求める取り組みも行いました。

2）県補助事業から県委託事業へ──県内の小児在宅医療体制構築の変遷

　先駆けとなったのは、2015（平成27）年度に大分大学医学部において、厚生労働省の「医療・介護サービスの提供体制改革のための新たな財政支援制度」を活用し行われた県補助事業「大分県小児在宅医療推進システム構築事業」です。2018（平成30）年度からは補助事業の主担当者である是松聖悟先生の異動に伴って大分大学医学部から中津市立中津市民病院に移管、事業名も「大分県小児在宅医療連携体制整備事業」と改称され2020（令和2）年度まで計5年間継続されました。同事業では、小児在宅医療に関する多職種連絡会、医師向け小児在宅医療実技講習会、多職種向けの講習会・事例検討会や、患者ニーズ調査・医療資源調査、医師による支援学校巡回等が実施されました。筆者も是松先生とともにコアメンバーの一人として運営に参加しました。2020年度より補助事業の内容は県から大分県医師会への委託事業である「大分県小児在宅医療提供体制構築事業」に引き継がれ、県医師会と県小児科医会や日本小児科学会大分地方会が協力する形で前述の小児在宅医療委員会委員が中心となり、発展的に活動を継続しています。補助事業のコアメンバーの医師はほぼ全員が県小児科医会・日本小児科学会大分地方会小児在宅医療委員会委員となっているため、これまでの流れをそのままに、そして県医師会が主体となることで成人内科医とも協働したさらに包括的な体制整備が可能となりました。その主な内容について次に説明します。

（1）おおいた医療的ケア児等支援関連施設連絡会

　2015（平成27）年度の県補助事業では、大分県小児在宅医療連絡会が設立されました。構成員は、既存していた大分重症心身障害児者施設連絡会の構成員を主とし、そこに在宅医や訪問看護師等在宅医療にかかわる必要な職種を加えて編成されました。大分県重症心身障害児者施設連絡会は、社会福祉法人聖母の騎士会恵の聖母の家の当時の施設長だった佐藤圭右先生が、大学病院を含む県内の基幹病院、療育施設間の顔の見える関係づくり、情報共有をする場として十数年以上前に立ち上げられたもので、任意団体ではありましたが行政の障害福祉等の担当課、教育委員会も参加している会でした。多

職種連携の会が既存していた、協議の土台はすでに出来ていたということが言えます。開催間隔は年2回で、両会は構成員が重複するため、同日に開催されていました。両会は、協議内容に重複する部分も多く含まれており、2020（令和2）年度に「大分県小児在宅医療提供体制構築事業」が県委託事業で始動する際に、おおいた医療的ケア児等支援関連施設連絡会として再統合することとなりました。現在では、県内の関係する基幹小児科病院、重症心身障害児者施設、在宅診療施設、在宅医療支援機関、行政・教育機関に当事者代表も加え構成されています。在宅医療支援機関には、県医師会、県小児科医会、日本小児科学会大分地方会、県歯科医師会、県看護大学、訪問看護協会、県PT協会、県介護福祉士会が含まれ、総勢30名強の会となっています。年1〜2回大分県内の医療的ケア児等在宅医療が必要な障害児者について各施設の現状の共有及び諸問題の意見交換を行っており、本連絡会で得た意見を集約し、前述した小児在宅医療委員会や大分県自立支援協議会子ども部会に反映させています。

（2）講習会・研修会の開催

2015（平成27）年度の県補助事業「小児在宅医療推進システム構築事業」で年度2回の医師向け小児在宅実技講習会が実施されました。この年は前述のように大分県立病院でも院内で小児科開業医向けの小児在宅実技講習会が開催された年です。2016（平成28）年度以降は大分県立病院の小児在宅支援チームが県補助事業のコアメンバーとして講習会の運営に参加、2年間の実技講習ののちは、医師以外の職種も交え、事例検討会や県外講師を招聘してのネットワーク構築等参加者のニーズも踏まえ柔軟に講習会・研修会の企画運営を行ってきました。2020（令和2）年度以降の県委託事業では、医師向け講習会、多職種研修会をそれぞれ年1回開催しています。

（3）災害時の人工呼吸器装着児等のためのネットワーク整備

電源が必要な在宅小児の災害時の避難場所、電源、医療物資等の確保のため、在宅人工呼吸器装着児・在宅酸素使用児にかかわる病院主治医、在宅医、訪問看護師その他災害時に直接安否確認に携わる職種のネットワークの構築

に着手しています。2020（令和2）年度に、既述のおおいた医療的ケア児等支援関連施設連絡会所属の病院・重症心身障害児者施設において在宅人工呼吸器装着児・在宅酸素使用児の保護者の同意を得てリスト作成を行い、ネットワーク内で保存、災害時の情報共有に活用することとしています。今後在宅医、訪問看護師へもネットワークを広げていく予定です。

（4）医師による保育・教育機関巡回

　県補助事業内での医師等による支援学校巡回相談から始まり、大分県医師会への県委託事業となってからは、医療的ケア児が通う保育園・幼稚園・普通小中学校にも対象を拡大しました。希望する園・学校へ年1回巡回を行い、医療的ケアの実施状況や学校環境における困りごと等の相談支援を行っています。学校巡回は医師が子どもたちの学校での様子を知る貴重な機会になるとともに、教員と直接の情報交換は医療・教育それぞれ互いの子どもたちへのかかわりに有益であると感じています。

おわりに

　2011年に最初に人工呼吸装着児の退院支援に携わってから10年。様々な人との出会いと国の施策や法の成立等の時代背景も相まって、当初は点で活動していた個々が、今は線としてつながっているという実感を得ています。

　2021年6月11日に「医療的ケア児及びその家族に対する支援に関する法律」が成立し、医療的ケア児支援が地方自治体の責務となりました。レスパイトサービスの不足、保育園、学校への通所・通学問題や移行期医療の問題等解決しなければならない課題はまだまだありますが、今後さらに体制整備を進めやすくなることが期待されます。

《文献》
1）平成30年度厚生労働科学研究費補助金障害者政策総合研究事業「医療的ケア児に対する実態調査と医療・福祉・保健・教育等の連携に関する研究（主任研究者　田村正徳）」
2）藤井雅世，田中祥介，春本常雄，他：「在宅小児かかりつけ医紹介事業」から

みた小児在宅医療の考察．日児誌122：1225-1230，2018
3）是松聖悟，長濱明日香，赤石睦美，他：県補助事業を用いたシステム構築による小児在宅医療のすすめ．日児誌123：1699-1703，2019

大分県北部保健所圏域における医療的ケア児への支援

大分県北部保健所圏域における医療的ケア児への支援は、2015（平成27）年度から「重症小児ケース支援会議」として始まりました。2018（平成30）年4月から、それまでの「重症小児」という名称を「医療的ケア児」に変更し、毎月開催を奇数月開催へ、開催時間を1時間から1時間30分に変更するとともに、会議内容に「相談したい事柄」を追加し、集まった参加者全員で意見交換をする会としました。

このコラムは、2019（平成31）年3月、北部保健所の保健師・甲斐ちひろさんがまとめた報告書（パワーポイント資料）を参考に以下報告します。北部保健所調べによる北部圏域の「在宅療養している医療的ケア児」は、それまでの年間0～1人の状態から、2010～2011（平成22～23）年は2人、2012（平成24）年からは、5、8、10、15、16、20、22人と急激に増えてきました。このような背景から待ったなしの課題として捉え、北部圏域ヘルシースタートおおいた地域専門部会の中で、医療的ケア児在宅療養支援の取組として位置づけました。

実務者を対象とした保健所の取組として、①「医療的ケアの在宅療養支援」検討会（毎年1回）、②医療的ケア児支援定例会議（ケース検討会議）、③養育者を中心とした交流会、④支援者のスキルアップのための「医療的ケア児の在宅療養支援」研修会の4つの会を中心に活動を続けてきました。

医療的ケア児支援定例会議を通じて、訪問看護ステーションや相談支援事業所が中心となり、加えて地域の学校や特別支援学校の看護師や養護教諭、医療的ケア担当教諭、実地研修を受けた教諭と医療者との顔の見える連携・協働が進み、緊急時に連絡を取った時に声を聞いて相手の顔が浮かぶようになり、つながりが深く、良い関係が築かれるようになりました。

2019（平成31）年3月時点での北部圏域の課題として、①家族のレスパイト先（預け先）がない、②医療的ケアの実施可能な機関が限定的になっている：相談支援事業所、訪問看護事業所が限定的になってきて、児及び家族

の選択肢が少なく、さらに事業者の負担が大きくなっている、③複雑な問題を抱えている家族の支援：医療的ケア児への看護等により、きょうだい児の養育が不十分となり、きょうだい児の今後の成長発達に影響が出る可能性がある等、④学校生活の継続における家族の負担：学校の看護師の増員が難しく、看護師が休んだ場合の母等の負担が大きい、また、母等が同伴できない場合は児が学校を休むしかない等、多くの課題がありました。

　医療的ケア児とその家族への地域母子保健・育児支援システムの構築とシステムの維持をめざして保健所が中心となり、「地域の支援チーム」として活動を続けてきましたが、この2年間新型コロナ対策に保健所が追われてしまうと対応が難しくなる経験もしました。現在、災害時対策に向けての検討を中心に、新型コロナ対策等、医療的ケア児にとって最も重要となる感染症対策や電力がない中での生活等、様々な角度から生活そのものを見直す必要が出てきました。

　大分県北部医療圏というひとつのエリアの実態を述べました。医療的ケア児の最善の利益とその養育者にとって必要なニーズを明確にしたうえで支援するという、これからの自治体の支援のあり方を考える機会になってくれればと思います。

（医療法人井上小児科医院理事長　井上 登生）

《資料》
甲斐ちひろ保健師（大分県北部保健所）：2018年3月中津スペシャルケア研究会にて講演：保健所の母子保健事業の取組——医療的ケア児の支援

第**13**章

おおいた青少年総合相談所

矢野 茂生

はじめに

　おおいた青少年総合相談所は大分市中心部に位置し、「おおいた子ども・若者総合相談センター」「ひきこもり地域支援センター」「児童アフターケアセンターおおいた」「おおいた地域若者サポートステーション」の4つの相談機関をもつ総合相談所です。ニートやひきこもり、就労等社会的自立に困難な悩みをかかえる青少年およびそのご家族を支援するための総合相談窓口として大分県が設置しています。私の所属する法人は上記4つの機関のうち3つ（おおいた子ども・若者総合相談センター・ひきこもり地域支援センター・児童アフターケアセンターおおいた）の機関を受託・運営していますので、今回はこの3つの機関の機能やその取り組み、現状や課題についてまとめながら、大分県における相談支援や子ども・若者支援について考えてみます。

1. 各相談機関の機能について

1）子ども・若者総合相談センター／ひきこもり地域支援センター

　子ども・若者総合相談センター（以下：こわかセンター）は内閣府が所管し、

やの・しげき　特定非営利活動法人おおいた子ども支援ネット理事長

2009（平成21）年に策定された「子ども・若者育成支援推進法」を背景に運営されています。この法律には、「複合化・深刻化する子どもや若者の困難に対して、従来型の個別型・縦割りの対応ではなく、総合的な支援を行う地域ネットワークの構築」を理念として掲げられています。2021（令和3）年4月には2010（平成22）年、2015（平成27）年に次ぐ、第3次の見直しが出され、「すべての子ども・若者が自らの居場所を得て、成長・活躍できる社会づくりをめざして」という目標のもと、以下5つの基本的な方針が出されました。

①すべての子ども・若者の健やかな育成

②困難を有する子ども・若者やその家族の支援

③創造的な未来を切り拓く子ども・若者の応援

④子ども・若者の成長のための社会環境の整備

⑤子ども・若者の成長を支える担い手の養成・支援

ひきこもり地域支援センター（以下：ひきセン）はこわかセンターと一体的に運営され、ひきこもりについての相談についての一次的相談窓口として、設置・運営しています。所管は厚生労働省になりますが、こわかセンターに入る相談のうち、ひきこもり相談については、ひきセンが対象となる方の年齢に関係なく対応していくことで、長く、切れ目なくサポートのできる体制を構築しています。

2）児童アフターケアセンターおおいた

児童アフターケアセンターおおいた（以下：アフターケアセンター）は厚生労働省が所管し、「里親への委託や児童養護施設等への入所措置を受けていた方々に対して、必要に応じて18歳到達後（措置延長の場合は20歳）も原則22歳の年度末までの間必要な支援を提供する」という事業です。具体的には児童養護施設等を退所する前に支援担当者会議を開催し、ご本人も交えながら退所後の暮らしを考慮した「継続支援計画の策定」、また退所後の方々の様々な困りに対応するための「生活相談」等を行っています。さらに、アフターケアセンターが力を入れていることとしては、退所後初期の段階で困りのあるなしにかかわらず、ご本人の同意が得られれば個別に訪問する「巡

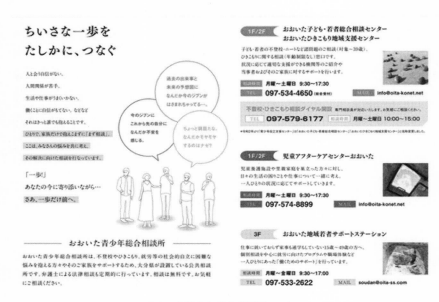

おおいた青少年総合相談所チラシ

回訪問」や労働問題や交通事故等、法律分野での支援が効果的な場合は外部
相談員として弁護士に依頼し、サポートを行う「法律相談」などがあります。
特に巡回訪問は2021（令和3）年度より「困りごとの早期発見・早期支援」
を行う方策として強化しています。また、当事業においては行政機関（児童
相談所等）や児童養護施設、里親さん等との連携が不可欠であり、日常的な
情報交換や相談があった場合の協働支援を大切にしています。

2. 相談支援の実際

　相談支援の現場において大切にしていることは多くあります。その中でも、
特に基本としている4つのことについてお伝えします。

1）基本姿勢
（1）相談所に「相談」があるときは「いよいよ〜」なのです
　私たちには合言葉のような、皆さんから「やる気があるのか！」と指摘さ

れるかもしれないような言葉をよく使います。それは「相談所に相談は来ない」です。いきなりなんなのだと思われる方がいらっしゃるかもしれませんが、「相談所」っていう名前から皆さん何を想像されますか？　そこは気軽に寄れそうなイメージでしょうか？　ですよね。なんとなく相談に行きにくい、硬い感じです。ですから、私たちの行う相談事業においては、そんな言葉をよく使いながら、次のようなことを大切にしています。

　まずは「力を振り絞って相談に来られる方という認識を持つ」ということです。すごく悩んで、「相談所」って場所に来てくださった方に対して、私たちは相談のはじまりにどのような気持ちで、どのような姿勢で耳や気持ちを傾けることが必要だろうかと考えます。「めんどうくさい相談が来た」とか「そんな状況に対応できません」などの気持ちを相談員が持てば、すぐに相手に伝わります。さらにはよくある「いきなり○○へ行ってください」攻撃……（たらい回しの始まり攻撃とも言います）。だから、まずは全力で聴く。聴かせていただく。安心して話すことができるように、少しでも「相談に来てよかった」と思っていただくために──そんな姿勢を大切にしています。相談支援は技術の前に「きもち＝mind」が大切ということになります。

（2）「行きます！」
　アフターケアセンターが特に大切にしていることですが（もちろんこわかセンターやひきセンも）、「困ったらおいで」では、かなり深刻になってからやって来ます（そんなことを言われたらやって来ないという人も当然います）。ですから、「アウトリーチ」といわれる相談援助手法を駆使します。職員数やキャリアなど限界はありますが、とにかく「行きます！」なのです。しかしながら、このアウトリーチが非常に難しい。ひきこもりのケースなどでは「家族はとってもなんとかしたいけど、ご本人はサポートなど受けたくない」というような「ニーズの違い」もよくあることです。ですから、特に「行きます！」の支援には「状況の分析」「支援の準備」がとても重要になってきます。このアウトリーチから私たちが学ぶことは「ケースの理解の重要性」です。困りごとやケースの状況が深刻になればなるほど「アセスメント」や「ケース理解」「環境との調整」が必要になってきます。短絡的に動く「余計

なおせっかい」は実は結構本当に「余計なおせっかい」なのです。

（3）「メニュー」を創造する

　相談支援の現場において、相談の次にあること。それはなるべくご本人が**望む方向へのサポートメニューを創る**ことです。例えば「勉強が嫌で不登校気味」の子どもがいた場合、学校外の「なんとか支援センター」に行って、そこで「勉強する」というサポートを受ける……などの話を聞きます。それではいやなことが続くだけです。

　しかし、「まなぶ」とか「かかわる」とかいう言葉に置き換えてみれば、見方は変わってきます。そこで例えば「遊びや活動の中に学びやかかわりがある」というメニューを創る。そしてちょっと隙をうかがって勉強をちらっとやってみる。そんな感じです。この「メニューを創る」については次節で少し詳しくお知らせしたいと思います。

（4）チームアプローチ

　相談支援の現場では「定型の日常～決まった時間に決まったお仕事」が非常に難しい。電話の鳴りやまない日や緊急対応が求められる日、私たちの現場には常にイレギュラーがつきものです。予期せぬ対応には非常にエネルギーを使います。疲れてしまうのです。だから職員には「豊かなサポートを行うには、健康で豊かな自分の状態を保つことが非常に重要」と伝えます。**困難なケースをひとりで抱え込むことは禁止、報告・連絡・相談・共有・協働を基本にした「チームアプローチ」が不可欠**です。ケースによっては人間的なミスマッチも当然あります。私たちもまた人間です。神様ではありません。どうしても向き合えないケースもあります。そう考えると定型の日常が難しいこの分野は、当法人事業の中で最もチームとしての動きが重要になってくるということになります。

2）ケースを理解するということ

　上記のような基本姿勢を大切にしながら、専門職としての領域を考えてみます。おおいた青少年総合相談所には多くの専門職がいます。社会福祉士・

心理士（臨床心理士・公認心理師）、保健師・看護師・キャリアカウンセラー・弁護士（外部相談員）・スクールソーシャルワーカー（外部相談員）などです。さらにそれに加えて2021（令和3）年度より「多職種連携会議」というケース理解のための専門家会議を設置しました。現場目線でも本当に複雑で困りが何層にも重なっているケースや重篤化したケースなどが非常に多くなっています。ですから、なるべく多くの分野から専門知が結集し、あらゆる角度からケースを分析－理解し、なるべく適切なツールで、適切な順序で支援を提供することができるようにチームを結成しました。メンバーとしては、学識者、臨床の専門家、医療従事者、障害の相談員、作業療法士、弁護士などです。月に1度集合し、ひたすら議論や検討を行います。そうやって少しずつ絡んだ糸をほどくかのように、ケースを分析－理解しながら、様々な形でのサポートを行います。また、公的機関（市町村等）にある困難ケースにも個人情報等のことに配慮しながらサポートを行っています。

3. 相談をデザインする──ツールは社会にあり！

　この節では「相談して……そこからどうなるの？」について、微力ではありますが私たちが実践している「サポートメニューの創造」について代表的なものをご紹介します。相談の内容やその状況によって、様々なサポートが必要になってきます。本来求められるツールは「オーダーメイド」（個別支援）が必要です。しかし、これがなかなか難しい。ですから、「仲間づくり（社会連携）」を大切にしています。その中でも、地域や企業などの私たちとは異なる専門性を持つ方々との連携で一定の効果が感じられたメニューをお伝えします。

1）杵築市地域商社「きっと好き」ドローン事業部
　ひきこもりやゲーム依存についての相談がありました。ご家族はかなり疲弊し、何度も相談に来てくださいます。しかし、なかなかご本人にお会いできない。そんな時、とある方から「ドローンを飛ばす方々」とのご縁をいただきました。そこで見た光景。なんと「ドローンの操縦で使う物体がプレス

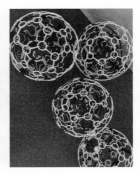

ドローン操縦プログラムの風景とドローンサッカー

テ（プレイステーション）のコントローラーにそっくり！」なのです。いやほ
ぼプレステ。さらにそこの責任者のＳ部長。ウルトラいい人＆熱い。「若者
がドローンに興味を持ってくれたらすごくうれしい」と。そこで始まった
「ドローン操縦プログラム」。大分県の少し田舎の廃校跡地。ガンガン飛ばせ
る場所。「人と会うのが嫌です」と言っていた若者のご家族にその写真と映
像ファイルを持って帰っていただきました。そしたら「やってみる」って。
なんやねん（笑）。はじめてのドローン体験（私はその前にやってみたけど全
く思うように飛ばせなかった）。すごく器用に、滑らかなタッチでコントロー
ラーを操りながら、ドローンはきれいに飛行する。Ｓ部長も大感激。なんだ
かすごい連帯感──それをきっかけに約3年間の間にドローンを経験した若
者（ひきこもりや不登校の状態にあった方々が中心）は17名（うち当事者7名、
ご家族4名、支援者6名）。さらに、Ｓ部長がうまく地域のドローンイベントに
誘ってくれちゃうから。これをきっかけに「ドローンが欲しい⇒アルバイト
を開始」「ドローンで撮った映像をパソコンで処理したい⇒パソコンの教室
へ通う」などのことにつながりました。ご存じのとおり、ドローンはこれか
らの社会において災害救助や物資の運搬など様々な可能性を秘めたツールで
す。コロナ禍で現在はなかなか思うようにいきませんが、振り返ってみると、
そこにあったものは「ツール＋ヒト」のパッケージです。経験したどの方々
もＳ部長のすばらしい技術とハートのこもったマシンガントークに巻き込ま
れる……（もちろん私も）。「専門職」が大切な部分はもちろんあります（あ

ると思います）。しかし、そこをヒョイと超えていく社会のチカラも現実にあることを実感しています。現在はドローンサッカーという謎のスポーツを構造化しながら、「ドローンサッカーチーム」を創ろうではないか！　という動きにつながっています。

2）地域のチカラ──就農自立チャレンジと仕事を切り出す（キリダス）

　次は個人ではなく、**地域や市町村との連携で創るプログラム**です。ドローンプログラムと同じく杵築市。高齢化や地域産業の縮小がみられる市町村です。素晴らしい市長がいらっしゃり、「**地域の課題と子どもたちの課題をマッチングできないか**」というご提案をいただいたのは5年前。法人の事業として取り組み始めた「児童養護施設の子どもたちと杵築市の農業を支えるマッチング事業～きつきプロジェクト」が誕生しました。施設や里親家庭で過ごす子どもたちに将来の職業選択のひとつとして「農業体験」を仕組みました。いちご農家さんは人気が高い（食べ放題！）。さらには畜産！　家族の中で暮らせない事情を抱える子どもたちにとって、動物とのふれあいは理屈なしに人気。この取り組みから「**農業高校に進学し、杵築市の農業法人に就職した若者**」が2019年度に誕生しました。2020年も2名の若者がアルバイト等で就職。現在は児童養護施設等のみならず、アフターケアやこわかセンター、ひきセンからも希望者が出ています。市役所や地域の農業法人との連携はセカンドチャレンジ（いったん就職したが離職した若者）や福祉施設を巣立った方々の就職の場としてその可能性が拡がっています。

　また、コロナ禍や人口減少の背景から、いろいろな企業が「その働き方を見直す時代」になっています。フルタイムという働き方ではなく、正社員ということでもなく、**新しい働き方の可能性を持つメニュー**をともに創ってくれます。例えば、地域の飲食店が動いてくれました。接客や調理ではありません。「人と会うのが嫌」な女性が生き生きと取り組んだのは、「個室で行う伝票整理とパソコンへの入力作業」です。しかも週1回から。前職で激しいハラスメントを受け、3年間自宅から出ることができなかった方が、このメニューを通過し、今はキャリア支援を受けています。**企業がその仕事を細分化し切り出す**。企業側にもメリットは多いのです。

おわりに

　コロナ禍で社会のシステムは大きな転換期を迎えました。私たちの行う福祉サービスもまた大きな転換期に来ていると感じています。相談支援や若者支援の現場から見れば、「**これまでの社会的な規範になじめない、またはそのシステムには適応が難しかった方々**」「**生まれた家庭環境等からご本人の責任ではないが特別な環境で暮らす子どもたち**」がいます。そういった方々に社会側がたくさんのタグ付け（名前付け）をしています。「ひきこもり」「不登校」「ニート」「施設出身者」などです。名前がどうこうではありません。しかし、社会側を見ていく必要はありそうです。コロナ禍はそういった意味でも私たちに**違う見方の必要性**を感じさせました。**福祉事業をデザインする必要性**です。

　多くの困難を抱える方々の困難に注目するだけでいいのか。

　その方の可能性や強みをきちんとみているか。または可能性が引き出せるようなサポートを創り出そうとしているのか。

　などです。自己責任論や家族システムへの押しつけはもはや通用しません。必死になって希望を探そうとする子どもや若者と多くふれあってきた現場にあるリアルからは、多くの学びや言葉にはしにくいものを感じる機会が多くあります（もちろん苦しさや憤り、葛藤もたくさんあります）。大きなデザインが必要です。「縦割り」や「分断」などが通用しない福祉サービス、子ども家庭福祉実践のデザインです。

　最後になりますが、このような執筆の機会を与えてくださったことは、私なりのふりかえりとこれからの歩みを感じさせていただく機会になりました。大分県の子ども家庭福祉が縦に横に縦横無尽につながりあいながら、今後も確かな歩みを続けていけるように願いながらおわりとさせていただきます。ありがとうございました。

コラム　当事者活動
「Co-Net プロジェクト」

　私は大分県の児童養護施設で育ちました。現在は、児童心理治療施設で勤務していますが、特定非営利活動法人おおいた子ども支援ネットの矢野茂生さんたちと一緒に、「Co-Net プロジェクト」（コネット プロジェクト）の活動も行っています。この名前は、「CONNECT（コネクト）」＆「NETWORK（ネットワーク）」に由来し、「つなげる」・「つながり」を重要なキーワードとして大切にしています。

　「Co-Net プロジェクト」は、児童養護施設や里親家庭などの社会的養護環境で育ち社会に巣立った若者（社会的養護経験者）と社会とのつながりに着目し、彼ら・彼女らを孤立させないために「私たちに何かできることはないか」を考えるチームです。本格的に活動が始まったのは2021（令和3）年6月で、まだまだ歴史も浅く、見据えているところや根幹的な方針はあるものの、現段階（2021年9月）では展望も「ぼんやり」しています。ある意味、社会実験的なモデル事業です（矢野さんがそう言ってました）。一方で、何よりも特徴的なのは、社会的養護経験者（支援されてきた者）と支援者団体がひとつのチームになり、同じ目標を掲げ活動をしていることでしょう。ここに大きな価値と意義があると私は確信しています。私自身も社会的養護経験者ですが、私のほかに、もうひとりの仲間（児童養護施設で育った社会的養護経験者Aさん）がチームに加わっています。今後はもっと「仲間」を増やしていきたいと思っていますが、現在は社会的養護経験者2名と矢野さんたち5名、さらに大分大学の相澤仁先生を加えた計8名のチームです。

　さて、発足してから私たちが3か月の期間で行った活動を紹介します。「インケア中（施設入所中など）における困りや悩み」と「措置解除後の困りや悩み」について、社会的養護経験者2名（私とAさん）の視点、矢野さんたち5名（支援者側）の視点のそれぞれで意見を出し合い、感想や質問を交換しつつ、相澤先生からのコメントもいただきながらそれらを比較・分析していきました（まだまだ意見のすべてを扱えていませんが）。そこから、「子ど

も（当事者）」が感じていることと「大人（支援者）」が思っていることの「ズレ」がリアルに、浮き彫りになりました。私たちの活動の過程や結果については、2021年9月8日に開催された、全国子ども家庭養育支援研究会主催の第1回全国子ども家庭養育支援地域ネットワークセミナー（＝九州児童家庭支援センター研修会＝大分県社会的養育を考えるトップセミナー）の「当事者＆支援者情報交換会」の場で、「Co-Netプロジェクト」の概要とあわせて私たちが紹介しました。説明の導入部分は矢野さんが担当しましたが、メインの発表を私が務めさせていただきました（質疑応答の時間にはAさんも加わりました）。全国に向けての発信なので少なからず緊張しましたが、とても貴重な経験になりました。私たちの取り組みについて、コメンテーターの先生から絶賛されたのを鮮明に覚えています。今後は、可能な限り「仲間」を増やしながら、「ぼんやり」した展望をより鮮明に具体化し、この先駆的な取り組みが社会的養護経験者のために、支援者のためになる有益なヒントを生み出せるよう、ひいては、いつの日か地域や社会に貢献できる「チカラ」のひとつになってほしいと願っています。

　児童養護施設でいろいろな大人から育ててもらったこと、そして今「Co-Netプロジェクト」の一員として活動させていただいていること、つまり、たくさんの大人に恵まれ、つながったキセキに私は大きな感謝を抱いています。社会的養護を経験することは決して悲しむことではありません。出会って、つながった大人の数だけ子ども（若者）には未来の可能性が、希望があります。そんなこともだれかに伝えられるような「モデル」に、私が、「Co-Netプロジェクト」がなりたいと願うばかりです。

（Co-Netプロジェクト　川村 涼太郎）

第3部

社会的養育

● ●

第14章

子どもアドボカシー事業

相澤 仁・飯田 法子・栄留 里美・滝口 真

● ●

はじめに

> 　子どものためのアドボカシーとは、権利を侵害されている時などに子ども自身や周囲の人が、声を上げることである。そしてアドボカシーをする人のことを「子ども意見表明支援員（子どもアドボケイト（通称））」と言う。
> 　例えば、火事や地震があって家に閉じ込められ、本人が声を上げることができない場合、発見した人が「大変だ、誰か来て、助けて！」と声を上げることです。暴力やいじめ、あるいは虐待などを受けている子どもを発見した時、その子どもに代わって「助けて下さい」と通告するなど声を上げることである。そして子どもを勇気づけエンパワメントすることである。これがアドボカシーである。
> 　比喩的に言えば、アドボカシーとは、子どもの主張や発言そのものを明確に伝達するための「マイク」のような役割であり、あくまでも子ども主導で子どもに寄り添いつつ声を届け、子ども自身が自分らしく生きてゆく力を高められるように活動することである。
> （大分県・大分大学権利擁護教育研究センター「子ども意見表明支援員の活動の手引き（素案）」（2021）より）

　　「私たち抜きに私たちのことを決めないで」（Nothing about us without us）というメッセージがあるように、子どもの最善の利益を優先して考慮した福祉の保障を実現するには、子どもが意見を表明する機会が確保され、周囲の関係者が意見を聴き、適切に考慮・反映する環境が整えられることが前提となる。

あいざわ・まさし　大分大学福祉健康科学部教授／いいだ・のりこ　大分大学福祉健康科学部准教授／えいどめ・さとみ　大分大学福祉健康科学部講師／たきぐち・まこと　大分大学福祉健康科学部准教授

　この文章は、子どもの権利擁護に関するワーキングチームのとりまとめの中の一節です。

　2019（令和元）年の児童福祉法等の改正法において、改正法施行後2年を目途として、子どもの意見を聴く機会や自ら意見を表明できる機会の確保など子どもの意見表明権を保障する仕組みや子どもの権利擁護のあり方についての検討規定が盛り込まれたのです。

　厚生労働省は、子どもの意見表明権を保障する仕組みなどについて検討するために、調査研究事業を実施するとともに、「子どもの権利擁護に関するワーキングチーム」を設置して検討し、2021（令和3）年5月とりまとめを公表しました。さらに都道府県で実施する「子どもの権利擁護に係る実証モデル事業」を創設し、速いテンポで取り組んでいます。

　社会的養護経験者からは、「自分が参加することができない中で、自分の人生にかかわる大切なことが自分の意思を聴かれることなく決められることがあった」といった声を聴くことが少なくありません。

　子どもの声を尊重し、その権利を保障する社会をつくるためにも、子どもアドボカシーの制度化は必要であり、子どもの権利擁護を大きく前進させることが可能な仕組みなのです。

　真に子どもの意見表明や参画を保障する仕組みを根付かせていくためには、推進するための時間が必要です。この仕組みの性急な導入によって子どもが不利益を被らないようにするためにも、この仕組みの構築に向けて今から準備し始めることが肝要です。

1. 導入に至るまでの経過

　このような背景を踏まえて、2019（令和元）年の秋に、大分県のこども・家庭支援課に、①社会的養護を対象にした子どもの聴かれる権利や意見を表明する権利の保障などの子どもの権利保障をはじめ、児童虐待防止対策の強化に向けた子どもの権利擁護の推進に向けての児童福祉法改正が予定されている点、そのため、②都道府県ではこうした子どもの権利擁護を実施するための体制整備を構築していくことが求められる点、そして、③アドボカシー

事業の実施など子どもの権利擁護の体制を整備するには複数の関係機関・関係者の理解と協力連携が重要になるため、それを浸透・定着させるためには数年かかることを想定して早期の取り組みが必要である点、④その実施にあたっては大分大学福祉健康科学部が協力する点などについて相談したところ、理解を示してもらいました。

　こうした事業の実施については一般的に行政においては消極的になりがちな取り組み課題ですが、その後の福祉保健部内での子どもの権利擁護に対する深い理解と前向きな姿勢による検討の結果により、大分県では、2020（令和2）年3月に公表された「大分県社会的養育推進計画」に提言された「子どもの意見を聴く機会の確保など必要な仕組みの検討準備」と、国で予算化した「子どもの権利擁護に係る実証モデル事業」を、全国で最初に実施することになったのです。

　そこで、大分大学権利擁護教育研究センターでは、大分県より子ども意見表明支援員（子どもアドボケイト）の養成や子どもアドボカシー活動など、その事業の一部を受けて、実施することになったのです。

2. 具体的な活動

1）子どもアドボケイト養成研修

　子どもアドボケイトの養成研修は大分大学権利擁護教育研究センターが実施しました。事業をスタートした2020（令和2）年度は22名、2021（令和3）年度は53名の子どもアドボケイト候補者を養成しました。

2）システムの構築と子どもアドボカシー活動

　2020（令和2）年度からのモデル実施に際して、関係機関（大分県こども・家庭支援課、児童相談所、児童養護施設、里親、大分大学）で子どもアドボカシー事業の基本的なシステムのあり方について協議を重ねました。未だ経験のない取り組みのため、アドボカシーの実施側も、受け入れる側も、見通しが立たず、心配や不安、あるいは迷いや疑心暗鬼を生じながらも、実際の場面を想定してシステムを作っていきました。

　子どもからの意見表明があった場合には、子どもアドボケイトが意見を聴き、子ども権利擁護調査員に連絡して文書（確認書）で伝え、内容によっては、児童福祉審議会を活用して解決に向けて審議を行うこととしました。

①対象の子ども：一時保護所・児童養護施設・里親家庭で生活している子ども（2020年度は一時保護所1か所、児童養護施設2か所、里親約10家庭、今後は大分県内の一時保護所・児童養護施設・里親家庭で生活しているすべての子どもに拡充する予定）

②実施主体：県こども家庭支援課（大分大学権利擁護教育研究センターへ一部委託）

3）一時保護所・児童養護施設・里親への導入までの流れ

（1）関係者での協議による実施システムの構築

（2）説明グッズ（パンフレット、アニメ、カード）の制作、準備

（3）意見表明受付用の専用電話の準備

（4）一時保護所・児童養護施設の職員、里親への説明と巡回訪問

❶一時保護所の場合

　①児童相談所とこども・家庭支援課との打ち合わせ、②職員研修の実施、③児童相談所職員による子どもへの制度説明、④定期巡回（週1回）

❷児童養護施設の場合

　①職員との打ち合わせ、②職員研修等での周知・意見交換、③子ども権利擁護調査員および子どもアドボケイトによる子どもへの制度説明、④振り返りと今後の実施方法についての打ち合わせ、⑤定期巡回（施設の希望により、月1回から年3～4回までの実施）

❸里親の場合

　①里親サロンでの周知・意見交換、②子どもアドボケイトによる子どもへの制度説明、③定期巡回（里親の希望により、年1回から年3～4回までの実施）

（5）導入後の定期巡回の継続実施

　なお、詳しくは**図表1**子どもの権利擁護実証モデル事業の概要を参照してください。

図表1　子どもの権利擁護実証モデル事業の概要（2021〔令和3〕年児童相談部会資料）

(1) 子どもの権利擁護実証モデル事業の概要

・開始時期：R2年度

・事業内容：子どもの意見表明を受け止める体制を構築する。意見表明支援員（アドボケイト）の養成。施設・一時保護所・里親等への定期巡回、随時対応等を行う。定期巡回と随時対応がいずれの場合でも、児童からの意見表明があれば、アドボケイトが児童と面接を行い、児童の意見表明内容に応じて対応する。
なお、アドボケイトの養成・派遣・活動については大学に委託。

・運営体制：児童福祉審議会を活用し、事業が出れば臨時会を開催して審議を行う。迅速な審議を行う。臨時会は通常8名のうちから3名の委員をオンライン等を活用して審議を行う。事務局は県本庁の中に置き、臨時会に対応。臨時委員は児童相談調査員は県の権利擁護調査員は県の調整等の業務を行う。意見表明の受付、巡回の調整等を行う。

(2) R2年度の実施状況（実績）

	一時保護所	A児童養護施設	B児童養護施設	里親・FH（一部エリアで先行）
対象児童	小学生以上の全ての児童	幼児以上の全ての児童	小学生以上の全ての児童	小学生以上の全ての児童
制度説明	対職員：県・大学が職員研修時に説明　対児童：入所後、CWが速やかに説明	対職員：県・大学が職員研修時に説明　対児童：調査員・アドボケイトが説明	対職員：県・大学が職員研修時に説明　対児童：調査員・アドボケイトが説明	対職員：アドボケイトが里親サロン時に説明　対児童：アドボケイトが訪問時に説明
実施概要	・週1回、月曜日に定期巡回 ・調査員が巡回に対して面談希望者を募る ・調査員は紙に面談希望の有無（○×）を記入 ・面談を希望した児童とアドボケイトが面接 ・面接は児童相談所内の面接室で実施。調査員は全体のコーディネートを行う	・実施内容の打ち合わせ ・職員研修時に説明。意見交換を行う ・児童への制度説明（2回程度）アニメやクイズ、寸劇などで説明 ・その後、巡回開始 ・巡回時に意見表明があれば、児とアドボケイトが面接を行う。意見表明がなければ児童のニーズに応じて遊んだり、話をして終了・面談は施設内の面接室で実施 ・調査員は全体のコーディネートを行う	・同左	・実施内容の打ち合わせ ・里親等と個別に日程調整を行い、アドボケイトが訪問。初回は里親も同席して制度説明 ・2回目以降はアドボケイトと児童が（個別）面接を行う ・県・調査員は同行しない
実施期間	R2.11〜R3.3	R2.12〜R3.3	R3.4〜R3.5	R2.12〜R3.3
実施回数	18回／週1回（月）実施	6回／年齢3区分×2巡回	4回／年齢2区分×2巡回	16回／8組×2巡回
結果	・意見表明：あり16回、なし2回 ・人数：実人数20名（延人数34名） ・内訳：小15名、中4名、高1名 ・表明回数：1回のみ 14名、2回表明 1名、3回表明 2名、4回表明 3名 意見表明の概要 ・CWに伝えたい・伝えてほしい：13名 ・保護所の職員に伝えたい：3名 ・心理の職員に伝えて欲しい：2名 ・アドボケイトに聞いてもらうだけ：15名	・児童への制度説明は完了 ・個別の意見表明はまだなし	・児童への制度説明は完了 ・人数：実人数3名（延人数6名） ・内訳：小3名 ・表明回数：2回表明 3名 意見表明の概要 ・意見を伝えたい：2名 ・園長に伝えたい：2名 ・園の友達に伝えたい：3名 ・アドボケイトに聞いてもらうだけ：1名 ※児童番：0名	・児童への制度説明は完了 ・個別の意見表明はまだなし

（大分県作成資料）

（参考） 意見表明の主な内容 R3の実施予定	・その他（見学で実施不可）：1名 ※児童番：0名 （処遇に関する面） ・いつまで一時保護所にいるのか。 ・家に帰りたい、家に帰りたくない。 ・○○に行きたい／○○に行きたくない。 ・○○のことを伝えたい。 ・○○について○○したい／して欲しくない。 （一時保護所の生活に関する面） ・○○して欲しい／○○して欲しくない。 ・変えられて嬉しかった。 ※R3はR2と同様、週1回の巡回を継続。 ※R3はR2と同様、週1回の巡回を継続。

総括	・初年度は半年ほどかかり、アドボケイトの養成に半年ほどかかり、年度後半から巡回を実施した。 ・導入時には、枠組み作り、関係者への説明、意見交換、職員や里親への制度説明、振り返り等のステップを踏み、1箇所あたり4～5回訪問して個別協議を行いながら実施した。 ・新しい取り組みのため、実施方法において関係者が意見の相違もあった。そのため、関係者の理解を図り、少しずつ導入を進めた。 ・実施結果 実施結果 ・実施先：一時保護所1／1か所（100%）、児童養護施設2／9施設（22%）、里親8／96組（8%） ・一時保護所では18回中16回とほぼ毎回、複数の意見表明したが、施設ではまだ2施設で計10回の巡回をしたが、意見表明は2回だった。 ・里親・FHは先行的に1つのエリアで実施したが、意見表明はなかった。児童の年齢でみると、約8割が小学生、約2割が中・高校生だった。 ・児童福祉審議会を希望する児童はなく、意見表明希望はなく、仕事の兼ね合いで実際に稼働できるアドボケイトは10名程度だった。 ・アドボケイトは養成後には30名ほどになり、仕事の兼ね合いで実際に稼働できるアドボケイトが少なかったため対応できた。初年度なので実施先が少なかったため対応できた。 ・課題：事業を開始してまだ2年で目処をつける予定だが、社会的養護の委託里親委託が進んでいる、全ての里親家庭からのアクセスが良いとは言えない状況である。軌道に乗るにはまだ時間を要すると思われる。具体的には、児童養護施設への導入には1～2年は必要と思われる。 意見表明のアクセスも平日日中電話応対のみで児童からのアクセスは良いとは言えない状況である。SNSの受信や夜間や休日のアクセスには応えられていない。人 意見表明のアクセスを継続していくには、国のワーキングにもあるとおり、自治体に何らかの権利擁護機関の存在が必要に感じる。直営にしても委託にしても、実務を適切に行う組織作りの基盤作り、人 当県では、今後、権利擁護部会の設置を検討していく予定であるが、部会の設置が課題である。 材育成が課題である。

	表明回数が少なく、特定される可能性がある。秘匿。 ※R3は毎月実施予定。	※R3は夏休み、冬休み、春休みに巡回を実施予定。回数については随時調整。実施状況を踏まえて随時調整。	※R3は夏休み、冬休み、春休みに巡回を実施状況。実施については、R3の実施状況を踏まえて随時調整。

（3）R3の実施予定
・児童養護施設：今年度中に全児童養護施設に導入予定。導入後は施設の希望により、月1回もしくは夏休み、冬休み、春休みに定期巡回。その他の時期は随時対応。
・里親・FH：新規委託児童から少しずつ対象を拡大予定。導入済のエリアについては、施設と同様に夏休み、冬休み、春休みに定期巡回。
・一時保護所は回転が速く、入所期間中に必ず意見を聴く（ために）週1回の実施を継続。
・権利ノート：R2にアドボケイトの内容を盛り込んだ中高生版を改訂済。R3に小学生版と中高生版と養育者向けの手引（ガイドブック）を作成予定（R4.4月以降）。
→全て完成後に、養育者（里親、施設職員、児相職員、児相職員に研修を行った後子どもに配布（R4.4月以降）。

　導入に際して、職員や里親との意見交換では、心配や不安の声、あるいは要望や注文の声、反対に導入を歓迎する声など、様々なリアクションがありました。例えば、「子どもが自分に都合の良い意見だけを表明してもそれが叶えられなかった場合はどう対応するのか？」や「子どもが意見表明をした内容を職員は知ることができないとしたら、問題が深刻化した時に誰が責任をとるのか」「意見を言える子どもよりも、難しい子どもの方が多いので、定期的に面会していただき関係を作ってほしい」などの声が上がりました。そのひとつひとつに丁寧に傾聴し応答しながら、子どもアドボカシーシステムは、「子どもが意見を表明できるチャンネル（選択肢）がひとつ増えること、子どもをエンパワメントし、自ら意見を表明する力を形成できるものであること」をくりかえし伝えました。

　私は、このシステムの導入には「滑走路を長く取ってスピードを上げながらも、じっくりと確実に飛び立つような取り組みが必要である」という考え方に基づき進めていきました。意見表明支援員の実践や養成研修の問題とか、子どもへの説明はもとより、受け入れる社会的養護関係者の丁寧な説明と十分な理解の問題、あるいは予算の問題などもあり、まず意見表明を支援する仕組みを理解してもらい、そして動かしている環境を整備していくことを重視して取り組みました。

　このモデル事業が開始でき展開できている主な理由は次の２つの点であります。１点目は、県内の児童養護施設や里親家庭の子どもの権利擁護に対する意識も高く、心配や不安を抱きながらも、今回の子どもアドボカシー事業の重要性について理解を示し、前向きに受け入れてくれたことです。実際に、施設職員や里親からも円滑な事業の展開のための意見や具体的な提案をいただきました。２点目は、大分県福祉保健部と大分大学福祉健康科学部において合同研究会を実施し、具体的な連携の在り方について検討してきたことです。こうした官民、現場と行政の地道な連携の模索を重ねてきたという経緯もあり、今回のモデル事業については予算化され実施できたのだと思っています。

（相澤　仁）

3. 一時保護所のアドボカシー活動
──子どもの調査からみる外部者の意義

　一時保護所のアドボカシー活動では、一時保護所に入所している子どもが感じている、施設生活や今後の方針等の不満や意見を聴き、必要があれば改善につながるよう伝える支援をしています。週1回月曜日または水曜日の13時〜15時に児童相談所に滞在し活動しています。

　まず、支援のプロセスを紹介します。アドボケイトのプロフィール付き顔写真と訪問日を一時保護所内に掲示してあります。県の児童福祉審議会の調査員が週1回アドボケイトの説明をします。説明を聞き、話したい子どもは○、話したくない子どもは×を専用用紙に記入。面談する子どもは児童相談所の個室に移動します。アドボケイト2名（社会人と大学生のペアが多い）が子どもの話を聞きます。これまで面談する子どもの約半数が「聴いてくれるだけでいい」と言い、「職員に気持ちを伝えたい／改善を求めたい」子どもは約半数です。たとえば2021年4月〜8月では全面談数：41件のうち意見表明希望は21件でした。

　子どもからは「いつ家に帰れるのか知りたい」「家族に会いたい」「入所理由を知りたい」「夜に眠れない」「家から持ってきてほしいもの（体に合った服、ぬいぐるみ）がある」「職員の言葉がきつい」「勉強の時間を増やしたい」といった切実な声が聴かれます。県の児童福祉審議会の調査官が、職員への代弁の環境を整え、間に入って調整します。

　その結果、児童相談所からいつ帰れるのか・ケースの進捗状況を納得いくまで説明してもらったり、生活の改善につながった例がいくつもみられています。話をした後に「自分で行動を起こして改善した」と次の訪問で報告してくれる子どももいました。

　子どもはアドボケイトをどう評価したかを知るため、相澤と筆者とでアドボケイトを利用した子どもに調査を実施しました。調査協力者23名中21名が「とても良かった」、2名が「まあまあ良かった」と回答。どんなことが良かったか聞くと「（児相職員からは）『ルールだから』と言われていたが、（アドボケイトは）聞いてくれた。尊重してくれた。優しい」（中学2年女性）、

「自分の腹が立つ気持ちをわかってくれたこと」（小学 5 年女性）「何でも話を聞いてくれること。嫌なことでも話せる」（小学 6 年男性）と語りました。アドボケイトは先生でも生活のお世話をしているわけでもないため、子どもへの助言や指導とは無縁の存在です。そのため、子どもの声に純粋に耳を傾けることができます。それが「外部」で「独立」している利点です。その意義を子どもたちは理解しているのではないでしょうか。

　アドボケイトへのアドバイスを 5 名の子どもがしました。「（アドボケイトの説明を）ゆっくりはなしてほしい」「（アドボケイトは）2 人じゃなくて 1 人がよかった。緊張した」「アドボケイトに電話したい」などの意見がありました。今後改善につなげたいと思っています。

　子どもにとって「アドボケイト」は見ず知らずの存在です。ですから、多くの子どもたちがアドボケイトを希望すると思っていませんでした。それだけ一時保護は不安がある時期であり、ただ純粋に聴いてくれる人が求められているということでしょう。今後も児童相談所で子どもの声がしっかり聴かれるように尽力していきたいと思っています。

（栄留 里美）

4. 児童養護施設のアドボカシー活動

　現在、大分県内には 9 つの児童養護施設があります。児童養護施設におけるアドボケイトの活動は、2020（令和 2）年度から徐々に始まり、2021（令和 3）年度中にすべての施設で実施されることになりました。ここでは、導入時の配慮や活動の状況について述べたいと思います。

　導入にあたって重視したことは、この活動の意義をいかに施設職員に理解してもらうか、ということでした。なぜならば、施設職員こそが、日々、子どもたちと生活を共にする中で子どもたちの気持ちを聴いているからです。ですから、改めて第三者が入って子どもの気持ちを聴くことに、違和感や疑問が生じても不思議ではありません。そこで、まずはアドボケイトを研究する大学教員が制度説明のために施設に出向き、職員から率直な疑問点などを語ってもらうように配慮しました。そして、やり取りを通してアドボケイト

の役割と活動の意義を理解していただいたうえで、施設に合った実施方法（対象年齢・内容・時間帯・場所など）を検討しました。

　また、子どもたちに対しては「子どもには話を聴いてもらう権利がある」ことや、「話を聴いてほしい時にはアドボケイトを呼ぶことができる」ことなどを知ってもらうために、説明会を実施しました。子どもたちには、幼児・小学生・中高生といった年齢別のグループに分かれてもらい、アドボケイトは年齢に応じた手作り教材や遊びを取り入れて、子どもたちに理解を促し、親しくなるための工夫をしました。

　説明会が終わるといよいよ定期的な訪問が始まります。定期訪問は、各施設によって間隔・頻度は異なります。例えば、月に1回土日の訪問を希望する施設もあれば、夏休みなど長期休みの実施を希望するところもありますが、子どもたちには事前にポスターを貼るなどして、アドボケイトが訪れることが確認できるように配慮しています。

　このような活動を通して、子どもたちの中には、アドボケイトに様々な気持ちを吐露するなど、積極的に利用し、定期訪問を待ち望む子どもがみられるようになりました。しかし、一方で、利用を必要としない子どももいます。実施上の課題のひとつは、定期訪問以外で子どもが他者に知られることなくアドボケイトに連絡を取る手段が、ハガキに限られていることです。この点については、改善策を検討する必要があるでしょう。

　いずれにしても、この取り組みは始まったばかりです。今後、活動の定着を図るためには、得られた利点や課題を検証し、関係者がそれらを共有し、体験を蓄積していくことが必要です。

（飯田 法子）

5. 里親・ファミリーホームでのアドボカシー活動

1）里親サロンにおける里親へのアドボカシー活動についての説明

　里親・ファミリーホームに対して、里親サロンの時間をもらい、アドボカシー活動についての理解をしてもらうための説明を5回実施しました。

　参加してくれた里親からは、次のような貴重な意見や質問をもらうことが

できました。

①子どもとの関係性をどうつくるのか。里親でも話せるようになるのは時間がかかる、まず大人との信頼関係づくりが必要ではないか。

②何をするのか？　うまくいっている家庭に入ってもらうと、関係が悪くなるのではないか。

③監視されているような気持ちになる。身が細る。

④子どもがいろいろと言うと子どもが里親家庭から引き上げられるのではないかと心配になる。

⑤アドボケイトは身近ではないから話せるのではないかと思う。

⑥いろいろな背景の子どもがいるので、いきなり入ってきてもわかるのか。

⑦アドボケイトさんは、子どもの一方的な言い分のみ聴いて理解を示すだけではなく、正確に判断し子どもに対して意見・指導してくれるのか？

⑧里親とアドボケイトさんが実際に合って、子どもアドボケイトの実施のシミュレーションをしてもらいたい。

⑨アドボケイトさんの力量を知りたい。アドボケイトさんの適正を判断する機会はあるのか？

⑩アドボケイトの内容のフィードバックをしてほしい。子どもアドボケイトで知りえた情報で、里親との関係性の話は、子どもが秘密にしてほしいと言っても聴かせてもらいたい。関係改善の役に立てたい。

⑪子どもアドボケイトを行うことによって生じる里親の不安への対応はしてくれるのか？

⑫アドボケイトさんに対する不満や、苦情等は、どこへ言えばいいのか？また、対応が適切だったかの判断はどこで行い、どのような対策をする予定なのか？

⑬アドボケイトさんが、子どもの意見のみを聴くことによって、子どもが自分だけが正しいと勘違いしてしまう懸念がある。子どももそれぞれ個性があり、知的レベルも違うので、巡回の際に子どもを観察してある程度個性を理解してからアドボカシー活動をしてほしい。

　真剣に子どもの養育に取り組んでいるからこそ発してくれる里親の意見や質問に対して、県の担当者や大分大学福祉健康科学部研究センターのSVよりくりかえし丁寧に説明し続ける、アドボケイトによる説明場面のロールプレイなどによって対応していった結果、徐々にではありましたが里親にもアドボカシー活動について理解を示してもらえるようになっていきました。

　里親の中には、社会的養護のもとで生活している子どもだけではなく、すべての子どもに対してアドボカシー活動の必要性や、家庭復帰後こそ必要であると唱える人もでてきたのです。

　こうした取り組みを継続する中で、子どもに対して、アドボケイトの説明（啓発）のみか、個別面接も行うか、意見交換を行いました。

　その結果、子どもに個別に伝えるには、個別訪問（家庭訪問）をすることとし、1巡目は里親と委託児童が同席のもとで、アニメ動画やパンフレットなど説明する教材を提示して説明（啓発）する。2巡目以降で子どもだけでの個別面接を行うことになり、2020（令和2）年12月より開始されました。

2）エピソード

　訪問した里親から、小学生の里子はその時は何も言わなかったが、夜、里子から親に会いたくなったので里母からケースワーカーに言ってと話をしてきたとの連絡がありました。

　この報告を受けて、子どもが抱く当然の感情であり、子どもが自分の気持ちを言語化し、他者に伝えることができ、そのことでさらに深めたケースワーク、ソーシャルワークにつながるという子どもアドボカシーの効果を感じました。子どもアドボケイトの説明をきっかけにして、里親に打ち明けることができたということは、日頃から里親と子どもとの関係を構築しようと努め続けているからこそであり、子どもは自分の感情を素直に表出することができたのではないでしょうかと、私は里親に自分の解釈を伝えたのです。里親は納得していたようでした。

（相澤　仁）

6. 今後の課題

　大分県は全国に先駆けて厚生労働省のモデル事業の指定を受けました。全国的には、宮城、岡山、山口、大分と東京都荒川区の5か所です。特に大分県においては、大分大学と協働し、同大学院福祉健康科学研究科附属権利擁護教育研究センターにおける活動の一環として、大学院生、学部生、社会人等の大分県民が子どもアドボケイト養成研修を受講しました。これら研修修了証を得た者が県内の児童相談所一時保護所、児童養護施設、里親家庭等で子どもの声を聴き入れ、子ども一人ひとりの代弁となるマイクの役割を担っています。

　活動の中心となる大分大学では、福祉系学部を設置し、社会福祉士、精神保健福祉士の国家資格が得られます。近い将来、福祉専門職を希望する学生にとっては、本事業での取り組みを通して自らの適性を判断する機会となります。

　また、近年の児童養護施設では、発達障がいのある子どもの割合が増えています。時に施設職員に対して自らの感情を整理して伝えることが難しい場合も多くあります。子どもということだけで自らの意見の芽が摘まれるだけではなく、「障がい」という困難性が大きな壁となって二重のくびきを負う障がいのある子どもへの支援のありようが求められてきます。また、上記5か所のモデル地区での諸活動を検証し、全国の都道府県に広めることも今後の課題のひとつとしてあげられます。

　さて、今後は本活動を福祉現場で定着させていくことが必要です。そのためには、本事業の必要性を関係者に理解してもらい、子どもが措置された場所で安全と安心な環境で育てられることが重要です。そのためにも実際のアドボケイト活動の有効性を示し、丁寧に福祉現場に実情を伝えていく努力が求められます。本活動の趣旨は養育者のあら探しや管理的監査ではありません。虐待や自らの意思とは違った形で措置を受けざるを得なかった子どもたちの基本的人権を護る当然の活動であります。そのことを児童福祉の常識として社会に認知してもらうよう働きかける必要があります。

　子どもの過去は変えられませんが、アドボケイト活動によって子どもの未来を変えることができます。また、このことを通して、過去の意義を子ども自らが見つめ直す取り組みも本事業に課せられた大きな役割であり、課題といえます。

（滝口 真）

コラム 子どもアドボカシー活動
──アドボケイトの声から

　一時保護所における子どもアドボケイト活動を振り返って、学んだことは大きく2つです。1つ目は、対話することの難しさについてです。普段何気なく使っている言葉や言い回しが、子どもにとってはわからないものである場合があります。そのようなときでも、子どもはわからないということが伝えられず、理解できていないまま過ごしていることが多くあることがわかりました。そのため、いかにわかりやすく簡潔に、相手の理解度を確認しながら会話をすることが重要か学ぶことができました。2つ目に、子どもの味方になることの大切さについてです。職員や大人の立場として話を聴き応答するのではなく、子どもと同じ目線に立って、子どもの要望や希望に対し共感しながら話をするのが重要です。つい大人の目線で助言したり職員の味方で物事を捉えたりしてしまいがちですが、子どものマイクとして言葉や気持ちを代弁するという役割を果たすためには、大人の目線は必要ありません。以上のようなアドボケイト活動の経験で得た学びを、実践現場でも生かしていきたいと思います。

（大久保 天音）

　「子どもアドボケイトとして学んだ1年」

　私は、苦しい思いを出せずにいる子どもや大人にたくさん出会いましたし、私自身も同じ経験をしました。そこで、このアドボケイト活動で、たくさんの子どもたちに、なんでも話せることや、信頼できる大人がたくさんいることを知ってほしいと願い参加しました。

　担当は一時保護所です。話しに来た子どもが、「保護所に来て安心した」と言うのを聞くと、職員の子どもへの丁寧なかかわりを感じますし、児童相談所の職員も、子どもの希望に応じて意見表明時に時間を割いて、子どもの話を聴いてくれます。これは、子どもを真ん中にそれぞれのピースがつながっていると実感しています。

話に来てくれた子どもの、「スッキリした、話して良かった」とほっとした表情を見せた時、私も良かったと思います。しかし、アドボケイトとして、この言葉かけは誘導になっていないか、思い込みはないかなど、難しさは感じていて、研修を積みながら、子どもの笑顔が、未来へとつながることを夢見ています。アドボケイト活動は、命を育む活動だと思います。

（橋本 純子）

　私が面談させていただく一時保護所の子どもたちの中には、雑談のみで終話したり絵を描き歌を歌い時間を過ごし戻っていく子どもたちが結構います。先日複数回面談した子どもさんも、不安や怖い気持ち、かなり心配な身体症状を淡々と話すものの、意見表明する意思は無く、ひたすら一緒に遊びたがりました。「初めて話した」とのことだったため、職員に伝える手伝いの提案もしましたが、言動は次々に転換し楽しそうに遊ぶばかりでした。終了後、課題や不安を皆で共有しSVを受け翌週に備えたのですが、面談日はすでに退所した後で残念でした。対応についての内省を胸に研鑽を続け今後につなげたいと思います。

　一方、多くの子どもたちは抱えている様々な不安な気持ち等をそれぞれの伝え方で話してくれ、サポートも得ながら自ら意見形成し主にケースワーカーに意見表明をしています。特に直接意見表明した子どもたちの表情は安堵とあきらめずに言えた自信等でとてもうれしそうです。子どもたちが「ここに来て良かった。自分は幸せに生きる権利を持つ大切な存在だ」と確信できるよう、一人で不安等を抱え込まず信頼できる大人に相談できる経験を一時保護所で重ね、新たな人生の土台を作ってほしいと願っています。また、この活動を通じ子どもたちから学び気づかされることは多く、何かできることがないか等私も皆と考え、提案していけたらと思っています。子どもたちがいつでもアドボケイトを利用できる仕組みが広がることを願っています。

（木村 玲子）

　子どもアドボカシーの活動は、私が長年めざしてきた「子ども一人ひとりを大切にする思い」や「どう子どもの心に寄り添い本音を話してもらえる

か」をさらに求め、子どもをエンパワメント（自己効力感などを高める）することです。

　私は施設での生活が残り少なくなった中高生に、わかりやすく制度を伝えるために、文字を拡大したり、質問や感想を書いてもらったり、「権利すごろく」の遊びを取り入れたりします。制度の理解度は6割程度で、質問や感想を共有することが難しい場面もありますが、「幸せに生きる権利はあるんだと思った。今までの生活じゃそう思えなかったから」「味方でいてくれるアドボケイトがいてくれてうれしい」「秘密にしてくれるので安心する。使ってみようと思う」と、制度の大切な点が伝わったことを感じられるとうれしくなります。

　会って1時間足らずの関係でも、心を聴くことができ、「またね」と何度も手を振る子どもの姿は、私自身のエンパワメントにもなっています。

（三苫 満江）

　「子どもへの想いは同じ」

　里親家庭やファミリーホームでは、「とうちゃん・ママ」「じいじ・ばあば」「おとうさん・おかあさん」など、里親の呼び方もそれぞれに違い、家庭的な雰囲気の中で子どもたちが育っています。そこへ、聞いたこともない「アドボケイト」とやらが訪問してくると聞き、緊張が走ったことでしょう。

　活動が始まる直前に、里親相互の情報共有や勉強会のために月1回開かれる「里親サロン」に参加する機会を得ました。「アドボケイトってどうして必要なの？」という疑問も残る中、私たちに集まる視線に厳しさを感じました。それでも、顔と顔を合わせて模擬の面談を見たことで、里親の気持ちが多少はほぐれたように思います。

　各家庭2回ずつの訪問を終えて、再びサロンに参加した時、ずいぶんと雰囲気が違っていることに安堵しました。「ずっと同じ人が来てくれるといい」「アドボケイトはすべての家庭の子どもたちに必要だと思う」といった声も聞かれ、とても励まされました。

　里親もアドボケイトも、子どものすこやかな成長を願っています。立ち位置は違っても、子どもへの想いは同じなのだと思います。　（重石 多鶴子）

「里親家庭とアドボケイト活動」

　初めてアドボケイトとして訪問した里親家庭は、市街地中心部からほど近い場所にありました。私たちが車から降りると、里親よりも真っ先に駆け寄り出迎えてくれた小学低学年男児の笑顔が印象的でした。リビングに入ってまず私たちの目に映ったのは、さっきまでそこで過ごしていたのでしょうか、テーブルの上に広げられたままの宿題や手作りゴム鉄砲と散乱した輪ゴム、キャラクターフィギュアです。まさにそれは子どもの何気ない日常の生活空間そのものでした。「これみて！」と100点満点のテスト用紙を見せてくれた得意げな子どもの表情は、今でも心に残っています。里親家庭アドボケイトは、そんな家庭の雰囲気を体感する場面がよくあります。子どもの意見表明の権利を支える独立型の専門員アドボケイト。そんなアドボケイトが里親家庭で過ごす子どもにとって、自分のためだけに、たまに家を訪れるが特に何かを言われるわけでも聞かれるわけでもない、でもなんとなく会いたい、話を聞いてほしいと子どもが思い出すそのときに、初めてこのアドボケイト活動は子どもにとって特別なものになるのではないかと思います。

（吉田　由美子）

● ●

第15章

里親委託の推進

河野 洋子

● ●

はじめに

　大分県は、2002（平成14）年から全国に先駆け、里親委託の推進に取り組んできました。2001（平成13）年度末1.2％だった里親等委託率は、2020（令和2）年度末には全国平均の21.5％を大きく上回る34.9％にまで伸び、里親委託の先進自治体として全国の児童福祉関係者に知られています。

　里親等委託率を伸ばしている自治体がほかにもある中で、本県の特徴は、行政主導による包括的な取り組みであるといえます。また、取り組みを始めた当初から子どもの権利条約に基づく「子どもの最善の利益を確保する」という視点を念頭に進めてきたこともポイントのひとつです。

　本稿では、取り組みの経過と特徴、それにまつわるエピソードを紹介しつつ、今後の課題と方向性について述べたいと思います。

1. 里親委託に取り組むきっかけ

　2000（平成12）年10月、私は児童虐待防止法が施行されたばかりの中央児童相談所（以下、中央児相）に児童福祉司として着任しました。当時の中

かわの・ようこ　大分県こども・女性相談支援センター長（中央児童相談所長）

央児相は児童福祉司8人、児童心理司5人、一時保護所職員4人という脆弱な人員体制の中で、増え続ける虐待通告の対応に追われ、さながら救急救命センターのような状況にありました。特に頭を抱えていたのは、家庭分離せざるを得ない子どもの措置先でした。一時保護をして「個別的なかかわりを受けられる生活の場で育て直しが必要」と児相が援助方針を立てても、児童養護施設（以下、「施設」という）のほとんどが大舎制であったため、子どものアセスメントにかなった受け皿はなかなか見つかりませんでした。さらに、旧職員配置基準のもと施設のマンパワー不足は顕著で、子どもの抱える課題の対応に追われ職員は疲弊状態、子どもは不適応状態に陥るという悪循環も生じていました。

　要保護児童の生活の場について考え始め半年ほどたった頃、私は、施設で暮らす高校生Aに出会いました。

　Aは、生後数日で乳児院に措置され、その後もずっと施設で生活していました。自己肯定感が低く、すべてに無気力。高校をやめたいというので私は面接を試みましたが、何も話してくれません。児相の記録からAの生育歴をたどると、乳児院に措置された時点から家庭引き取りは見込めなかったこと、一度も実親や親族との交流がなかったことがわかりました。幼児期、施設職員に「どうして自分には誰も会いに来ないのか？」と何度も尋ねています。小学校高学年で違う施設に措置変更されるときには、移送する児相ワーカーに「自分なんか生まれてこなければよかった」と鋭い目つきで叫んでいたこと。ほかにも胸が痛くなるようなエピソードの記述がケース記録にはありました。一方で、Aがずっと知りたがっていた自分の生い立ちについては、誰からも何も説明されていませんでした。

　私は、大きなショックを受けると同時に、自分の非力さを思い知り悩みました。何よりも児相という措置機関としての責任を痛感しました。Aのケースは児相によるネグレクトではないのか。Aに申し訳ない。Aが過ごした時間を取り戻すことはできない。

　所内でAの支援について検討を重ねました。当時、県の児童福祉審議会児童相談部会委員だった井上登先生にご助言いただき、施設で最もAと関係が築けていた指導員を中心に生い立ちの整理を行いました。「今まで誰も何

も伝えてなくてごめんね」と指導員が話したとき、Aはポロポロ涙をこぼし泣いたと聞きました。Aを通じて私たちは子どもの話を受け止めることの重要性を知り、さらに、「血縁関係はなくてもいい。一人でもいいから、Aに幼少期からずっと寄り添う大人がいたなら……」との思いに至りました。里親制度の有効性に気づいたのです。

早速、同僚ワーカーと里親制度について学び始めました。ちょうどこの頃（2002年）「里親の認定等に関する省令」と「里親が行う養育に関する最低基準」が施行され、専門里親、親族里親が創設されるなど、国においても里親制度の改革が始まっていました。児相現場でも通知等を目にすることが多く、里親制度を学ぶ好機だったといえるでしょう。子どもの権利条約に基づく子どものための制度であること、施設養護にはない特徴があること。子どもの生活の場所について選択肢が広がった気がしました。

このようにして、中央児相の取り組みが始まりましたが、原点はケースを通じて知った現実です。「措置した子どもに二度とAと同じような思いをさせてはいけない」「家庭分離後の子どもの処遇に児相はもっと責任を持とう」こうした現場の想いと模索が、全国に先駆けた里親委託推進の取り組みや要保護児童施策拡充の原動力になったのは間違いありません。

2. 里親委託推進に向けて

2002（平成14）年、中央児相では「子どもの最善の利益を確保する」という子どもの権利条約に基づいた「子どもの視点」から、里親委託の有効性を次の4点にまとめて所内で共有しました。

①幼児期の愛着形成が図られる

②子どもと養育者の間で1対1の関係が取れる

③健全な家庭モデルを知ることができる

④子どもの生活の連続性が確保できる

これは、国が2011（平成23）年3月に、里親委託優先の原則を明記した「里親委託ガイドライン」で示した内容とほぼ同じです。同ガイドラインに対しては全国の児相で様々な受け止めがあったと聞いていますが、大分県では正

直なところ目新しさも感じず、逆に「まだ国から示されていなかったのか」との思いを抱いたほどで、違和感はありませんでした。

県（児相）が里親委託推進の取り組みを始めるにあたり、理念をしっかりと持っていたことがよくわかると思います。また、こうした理念を最初に押さえておくのは大変重要だと感じています。

なお、有効性の④について少し補足します。

大分県では施設が偏在しています。したがって、施設不在地域の要保護児童の施設入所は、子どもにとって家庭はもちろん、学校や地域といったそれまでの生活から否応なく切り離されることを意味しています。地域に里親家庭があれば、子どもは住み慣れた地域を離れなくてもいいのです。この点は、生活の連続性が絶たれた子どもの予後が必ずしも良くないことを経験している現場の思いが反映された内容です。

ところで、こうした職員発信の取り組みに関して、上司の反対がなかったことは非常にありがたいことでした。

当時の中央児相長は、全国でも数人しかいない精神科の医師で、子どもの支援にあたっては、福祉モデルと医療モデルによるハイブリッドなアセスメントを行い、迅速かつ的確な判断を行う方でした。所長は、不適切養育の影響で問題行動を呈する子どもが大きな集団で生活することは、治療的なかかわりと逆行すると考えていたようで、それまでの常識にとらわれず、職員の意見に耳を傾けて取り組みのゴーサインを出してくれました。

また、スーパーバイザーの課長からは、「里親委託に本気で取り組むのなら、施設との協働を考えるように」と具体的な助言をもらいました。いずれも今につながる示唆に富んだ内容で、理解のあるいい上司に恵まれていたことを心から感謝しています。

3. どのように進めてきたか

2003（平成15）年、里親委託の本格的な取り組みが始まりました。里親担当（地区担当と兼務）だった私は、児童福祉司歴が長く、これまでにも里親委託を経験したことのある同僚（前述の里親委託の有効性をまとめた人物）に

相談しながら進めました。

　まずは登録里親の把握です。里親名簿を整理し委託可能な里親家庭を訪問します。一方で、施設入所中で家庭交流がない子どもをリストアップし、マッチングノウハウも手探りの中、少しずつ委託を試みました。委託後の子どもの表情の変化等で効果を実感しながらも、中途養育に困難を感じる里親の声を聞き、委託後支援の重要性をすぐに気づきました。

　また、里親の不足や制度そのものが正しく理解されていない現状から、普及啓発や里親開拓（いわゆる里親リクルート）の必要性も強く感じました。まず委託することから始めた私たちでしたが、次々に取り組むべき課題が見えてきて先行きに不安を感じたのも事実です。しかしそこは、子どもの最善の利益のためにという理念が支えてくれました。

　こうした本県の取り組みは、全国里親委託推進委員会『里親等委託率アップの取り組み報告書』（2013）に大分県モデル「継続的・積極的に行政が取り組んだ例」として、まとめられていますが、ここでは以下5点に絞って特徴を紹介します。

1）児童相談所の体制整備と組織的な推進

　里親委託の推進は、里親のリクルートから始まり、養成、マッチング、委託後支援など多岐にわたる業務（フォスタリング業務）を児相が新たに行うということでした。さらに、一般家庭がパートナーとなる里親委託は、児童措置費に係る各種事務手続き等も含めて、施設措置に比べて何倍もの時間と労力を要することは否めません。このため、児相の里親支援体制の強化は必要不可欠でした。

　このため、県では児童虐待対応件数が増加する中、本庁の担当部署をあげて、児童福祉司や児童心理司、一時保護所職員を中心に体制強化を行ってきましたが、里親業務にかかわる人員体制も強化してきました。

　初めて里親専従職員（非常勤）を配置したのは2004（平成16）年で、2010（平成22）年には、中央児相に里親担当児童福祉司が配置されました。配属された私は、以前の地区担当児童福祉司時代と違い、専任となったことで、里親委託にかかわる指導・助言、里親支援や関係機関対応ができるようになり、

里親委託の大幅な伸びにつながりました。国は2018年（平成30年）、児童虐待防止対策体制総合強化プランで、各児相に里親養育支援担当児童福祉司の配置を定めましたが、大分県のこうした人員配置の取り組みも参考になったと聞いています。2021（令和3）年には、さらなる体制強化として里親・措置児童支援課を新設しました（p.234参照）。

　このように体制強化を背景とした組織的な里親委託の推進が行われているため、児相の援助方針会議で里親委託の可能性を議論することは日常となりました。所内に里親ソーシャルワークの知見を蓄積したセクションがあること、里親委託の有効性を熟知したSV、委託の成功体験を持つ同僚がいることで、職員は日常的に里親委託に関する助言等を受けることができるようになったといえます。

　なお、こうした職員配置は、一朝一夕にできることではなく、人事・財政を含めた関係部署、県庁全体の理解によるところが非常に大きいと考えます。また、知事自ら、現場に出向き里親や施設関係者と意見を交わすこともあるので、まさに県をあげて体制整備に取り組んできたといえます。

2）里親・施設の相互理解と連携

　県では、里親委託に取り組み始めた当初から、代替養育を担う里親と施設の相互理解と連携は必要不可欠と考え、事業展開の大きな柱としてきました。

　取り組みを始めた頃は、里親には認定前後の研修など全くなかったので（法定研修制度は2009〔平成21〕年から開始）、里親研修を最初に手掛けました。研修会には施設職員にも参加を呼びかけました。施設職員が、里親養育でもかなりの困難事例を抱えていることや、里親の苦労を実感したことで肯定的理解が高まり、里親養育を理解するきっかけとなりました。研修そのものが里親と施設職員の交流の場になったようで、その後、里親研修の一環で施設見学や施設職員との意見交換、児童家庭支援センター職員が里親サロンに参加したりすることも始まりました。

　また、施設入所児童の家庭生活体験（トライアル里親）利用も両者の相互理解に大きな役割を果たしました。トライアル里親を利用した子どもの表情が交流後に良くなることを施設職員が知ることで、里親養育に対する理解と

信頼もさらに深まったといえます。施設と里親の協働は、こうした試みの積み重ねでした。

2012（平成24）年、里親支援専門相談員制度が導入されたときには、お互いの関係ができていたことから、里親から「施設が里親を支援してくれてうれしい」といった好意的な意見が複数寄せられたほどです。現在、里親支援専門相談員はすべての乳児院・児童養護施設に配置されており、家庭訪問等を通じた寄り添い支援は里親養育を支える大きな存在です。ほかにも、認定前研修、施設実習、施設機能を活かした里親レスパイト等々、代替養育のケアワークに長年携わる施設の支援は、委託の不調防止にも大きな役割を果たしています。

2012（平成24）年の里親研修会では、大分県児童養護施設協議会の出納会長（当時）が「施設と里親、どちらが良いとか悪いとかではなく社会的養護関係者すべてが協働、コラボレーションして、子どもを守り、支えていくことが大切」と挨拶されました。立場にとらわれず、子どもを中心に考えて活動していこうと呼びかけた内容に、会場にいた私は深い感動を覚えました。こうした大分県児童養護施設協議会の姿勢が、本県の里親委託推進の原動力のひとつとなっていることは間違いありません。そして、この流れが、大分県社会的養育連絡協議会の発足・活動につながっていくのです（p.145参照）。

3）市町村との連携

委託が進んでくると里親不足が改めて課題となってきます。2005（平成17）年、中央児相は市町村に協力を求めて里親募集説明会を開始しました。市町村広報紙で周知し、児相が市町村会場に出向き里親希望者を募りました。「一中学校区に一里親家庭を」が目標でした。募集説明会は、途切れることなく毎年、全市町村で開催されており、里親リクルートに大きな役割を果たしています。

参加者からは「以前、説明会で話を聴いて、ずっと関心がありました。実子も育ち上がり夫婦（家族）の気持ちも固まったので、今回は申請を考えています」といった話も聞かれます。熟慮のうえ、里親になる生き方を選んでくださった方の思いは、何よりありがたく、継続的に開催している意義は大

きいと考えます。

　さらに、この説明会は市町村職員に里親制度を知ってもらう貴重な機会にもなっています。里親家庭の子どもは地域の子どもとして育ちます。予防接種や乳幼児検診、保育所利用、学齢期には小中学校に通うなど、身近な市町村のサービス（支援）を受けるのです。市町村による里親支援は、地域コミュニティからの支援でもあります。地域の豊かな人間関係や見守りの中でこそ、子どもは心身ともに豊かに育ち、また、里親も孤立することなく養育ができます。市町村職員に里親制度を理解してもらうことは、里親委託を推進するうえで欠かせない取り組みなのです。

　2021（令和3）年度から、市町村のショートステイ事業が里親家庭でも実施できるようになり、ショートステイの受け皿不足で苦慮していた大分市はすぐに取り組みを始めました。里親家庭は、市町村における子育て支援のための地域資源にもなるのです。これから2024（令和6）年施行に向けて児童福祉法改正が予定されています。在宅支援の充実が課題となる中、里親制度は市町村にとっても身近な制度になるものと思われます。

4）里親支援の充実

　里親委託を始めたばかりの頃は、委託後支援まで手が回っていなかったことは、前に述べたとおりです。今でもベテラン里親から「あの頃はとにかく必死だった。児相に相談するのも気が引けた。だから、今の自分たちは、サバイバーかな（笑）」といった話も聞かれます。支援が行き届かなかった時代に奮闘してくださった里親に感謝しつつ、さらなる支援拡充の必要性を感じています。

　県による里親支援制度の初の予算化は、2006（平成18）年でした。前年、中央児相から異動し本庁でも里親制度を担当していた私は、国が新たに用意した里親関係予算の事業メニューをすべて実施したいと意気込んでいました。内容はレスパイト、ヘルパー、サロン事業のほか児相の非常勤職員配置のための事業などです。財政当局に里親委託推進の方向性と現場の状況を伝え、事業化に向けて協議を重ねました。全くのゼロベースからの話なので次々と課題が出てきて難航しましたが、途中から制度の有効性を理解してくれた財

政課の担当が一緒に考えてくれるようになり、ついに「里親委託推進事業」として予算化に至りました。予算化を児童福祉審議会里親部会で報告した際、保育連合会代表の委員から「いい予算ですね。子どものための生きたお金として使ってください」と意見をいただき、改めて気持ちが引き締まったことは今でも忘れられません。

　さて、一口に里親支援といいますが、守備範囲は非常に広く、里親リクルート、研修、マッチング、委託後支援のコーディネート等、さらに、不調（危機）防止の支援、子どもの自立に向けた支援なども含めて、フォスタリング業務すべてが里親支援だといえます。リクルートが支援という点に違和感を覚える方がいるかもしれませんが、里親を知ることがよい支援につながることを考えれば、理解していただけると思います。里親になりたいと問い合わせを受けた段階から支援は始まっているのです。

　なお、こうした里親支援の原点は里親や委託されている子どもの声を聴くことに尽きます。

　大分県では、「聴く」支援のひとつとして委託解除後訪問を行っています。きっかけは、ある不調事案でした。不調が起こると渦中にいる子どもが一番大変ですが、里親も大きなダメージを受けます。そして、児相職員も痛みを感じます。不調の原因は何か。マッチングミスか、委託後支援の不足か、それとも里親の個別的な理由なのか。不調ケースの振り返りは必須で、この問題を放置してはならないと考え、解除後訪問を始めました。導入にあたっては、不調ケースに限らず、委託解除ケースすべてに広げています。解除後訪問を通じて、里親は養育を冷静に捉え直すことができますし、児相に対するわだかまりがあればそれも軽減します。「自分たちには必要ないと思っていたけれど、児相と一緒に養育を振り返ることで気持ちの整理ができてよかった」「解除後の子どもの様子を知って安心した」など里親からも好評で、児相も里親の今後の意向を直接確認することができる貴重な機会になっています。全国にも実践が広がっているようで非常にうれしく思います。

　また、児相には2010（平成22）年度から24時間非常勤の相談員が直接対応する電話相談体制が整備されました。里親からの連絡をいつでも受けられるシステムがあるのも特徴といえるでしょう。

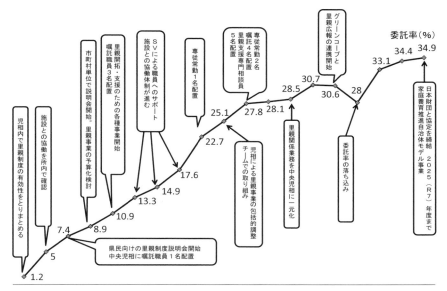

委託率（%）

- 児相内で里親制度の有効性をとりまとめる
- 施設との協働を所内で確認
- 市町村単位で説明会開始。里親事業の予算化検討
- 里親開拓・支援のための各種事業開始　嘱託職員3名配置
- Sⅴによる職員へのサポート　施設との協働体制が進む
- 専従常勤1名配置
- 専従常勤2名　嘱託4名配置　里親支援専門相談員5名配置
- グリーンコープと里親広報の連携開始
- 日本財団と協定を締結　2025（R7）年度まで　家庭養育推進自治体モデル事業

- 県民向けの里親制度説明会開始　中央児相に嘱託職員1名配置
- 児相による里親事業の包括的調整　チームでの取り組み
- 里親関係事務を中央児相に二元化
- 委託率の落ち込み

1.2　5　7.4　8.9　10.9　13.3　14.9　17.6　22.7　25.1　27.8　28.1　28.5　30.7　30.6　28　33.1　34.4　34.9

| 2002 | 03 | 04 | 05 | 06 | 07 | 08 | 09 | 10 | 11 | 12 | 13 | 14 | 15 | 16 | 17 | 18 | 19 | 20 |
| H14 | 15 | 16 | 17 | 18 | 19 | 20 | 21 | 22 | 23 | 24 | 25 | 26 | 27 | 28 | 29 | 30 | R1 | 2 |

図表 1　大分県の里親委託率等の推移

5）措置上の特徴

　取り組みを始めた当初は、乳児院や施設に入所している子どもを里親に措置変更するケースがほとんどでしたが、次第に、在宅（一時保護）から直接、里親委託を行うことが多くなりました。

　特に、養子縁組が必要な子どもは、新生児から里親委託を行い、パーマネンシーの保障に努めています。出生前相談も受け付けていますが、取り組みにあたっては、県内の産婦人科や小児科、市町村母子保健関係者の制度に対する深い理解と協力があると考えています（第16章参照）。

　現在、児相において乳幼児は原則里親委託の方針であり、県社会的養育推進計画にも明記していることから、今後もこの方針が変わることはありません。養育里親のうち、赤ちゃんを専門に預かる里親の募集、NPO法人chieds による乳幼児短期緊急里親制度（p.226参照）など新たな試みも始まっています。乳幼児の里親委託をさらに進めるため、今後も様々な工夫が必要となります（図表1）。

4. 今後の方向性と取り組み

　2020年（令和2）年3月に策定した大分県社会的養育推進計画では、里親委託推進に向けた今後の方向性として、①フォスタリング業務の一部民間委託、②制度の普及啓発とリクルート、③里親の育成と養育力の向上、④マッチング及び里親支援の充実などをあげています。

　こうした中、2021（令和3）年3月、大分県は日本財団と全国初の「家庭養育推進自治体モデル事業に関する協定」を結び、里親委託推進に向けた取り組みを加速させました。

　まず、フォスタリング業務の一部（里親リクルートと養成）をNPO法人chieds（チーズ）に委託しました。NPO法人chiedsは里親制度の県民に広く知ってもらうための積極的なPR活動を担っています（p.224参照）。

　また、児童家庭支援センターを県内に5か所整備し、レスパイトや相談など里親が地域で日常的に養育支援を受けられる体制を構築したところです。

　さらに、県内4市（大分市・別府市・中津市・日田市）に協力を求め、市職員として家庭養護推進員を新たに配置してもらいました。里親リクルートや里親ショートステイの取り組み強化が目的ですが、。家庭養護分野における市町村との一層の緊密な連携を進めるための先駆的な試みといえます（p.130参照）。今後は、フォスタリング業務の民間委託等をさらに進めることを検討する予定です。

　一方、児相には、フォスタリング業務の民間委託が進んでも、すべてのフォスタリング業務について責任を持ち、総合的な調整を行う重要な役割が残っています。現在でも、施設、里親会、市町村に加え、民間機関（グリーンコープ生協、NPOなど）と協働しており、これまで以上に、措置機関という強みを生かし、俯瞰的に里親業務全体を捉えコーディネートする力が求められるでしょう。

5. 里親委託推進の取り組みがもたらしたもの

　第一に要保護児童にとって、生活の場を選ぶ際の選択肢が増えたことがあげられます。年齢、特性、そして抱える事情も様々な子どもたちです。施設に加え多様な里親家庭が増えたことは、子どもの状況に即した受け皿が広がったことにほかなりません。これからは、里親家庭をさらに増やし、子どもが里親と施設をそれぞれ見学したうえで子ども自身が処遇先を選べるよう、子どもの意見表明権の尊重を念頭においた取り組みが求められます。

　また、社会的養護関係者の意識改革にも大きく寄与しました。大分県では児童養護施設の小規模化やケア単位の個別化が急速に進み、全国に先駆けて施設の家庭的養護が実現しています。そして、何よりも児相職員の意識が変わり子どもの権利擁護機関、措置機関としての実践を見直すきっかけになったといえます。

おわりに

　行政主導で取り組んだ大分県の里親委託の取り組みは予定調和があったわけではありません。先行事例も乏しい中、県（児相）は制度の普及啓発、リクルート、養育支援のあり方、里親ソーシャルワーク技法、すべてにおいて手探りで進めてきました。里親委託推進は子どもの最善の利益にかなうという確信のもと、関係者と連携しながら柔軟かつ大胆に、失敗も経験しながら、まさに走りながら取り組んできたといえるでしょう。

　そして、何よりも大分県が恵まれたのは、必要とする子どものために自らの時間と家庭を提供してくださった数多くの里親の存在です。心から感謝しています。里親について多くの人に知ってもらい、今後さらに、子どものための里親制度が大分県に根付くことを願ってやみません。

コラム　フォスタリング機関chieds

　私たちchiedsは、2021年に大分県で産声をあげたばかりの特定非営利活動法人です。「子どものニーズに応えたい」という願いから、"children"と"needs"の2つの英単語を合体させた造語で、「チーズ」と読みます。

　「多様な子どものニーズに応える地域社会の実現につながる変化をつくる」ことを法人のビジョンにかかげ、よちよち歩きを始めたところです。私たちの現在地からすれば、このビジョンは水平線のようにはるか遠くにありますが、スタッフ全員そこへ向けて熱意をもって地道に一日一日歩みを重ねています。

　chiedsが現在具体的な活動として担っている事業は主にフォスタリング業務の一部、そして「乳幼児短期緊急里親」というモデル事業の2つです（後者は次のコラムで紹介します）。

　このフォスタリング業務は、いわゆる包括的な里親支援全般ではなく、普及啓発から始まり、問い合わせ対応、インテイク、認定前研修、アセスメント、調査報告書の提出（児童相談所へ）と、里親登録までのものになります。

　私たちのような生まれたての法人がこのような重要な業務の一端を担う機会をいただけたのは、いくつかの幸運が重なったからなのかもしれません。ひとつには、家庭養育促進のために日本財団と大分県が協定を結び、これまでにない事業を大分県で実践することが決定していたという背景があったということがあります。大分県は、家庭養育推進を児童相談所中心に強力に実践してきた全国モデルのひとつです。その大分県が、さらにその推進の質・量を高めるために日本財団と協定を結んだタイミングとほぼ同時期にchieds設立準備が進められました。次に、里親支援に携わった経験のあるスタッフが設立から加わってくれたことも事業を担う大きな助けとなりました。加えて、リクルート活動、研修、そしてアセスメントについて実践経験豊富な他機関からノウハウを学ぶ機会に恵まれたことも、私たちが児童相談所等から一定の信頼をいただくことにつながったのだと思います。

　これらの幸運だけでなく、大分県には社会的養育充実のための活動が受け

入れられやすい環境が整っています。まず、児童相談所含む行政の熱意です。そして、乳児院や児童養護施設などの施設関係者の皆様の熱意も同様です。なにより、子どもの養育に対する地域社会の関心の高さは、リクルート活動をしていてもはっきりと伝わってきます。

　そのような恵まれた環境でのスタートではあっても、やはりいくつかの不安はありました。

　第一に、児童相談所との関係です。全国でもモデルとされるほど、大分県は児童相談所主導で家庭養育推進をこれまで実践してこられた経験が蓄積されています。そこに生まれたてのNPO法人がお役に立てるのか、最初は不安でした。しかし、児童相談所との打ち合わせや活動報告を重ねていくなかで、新しい小さな団体だからこそ、これまでのかたちにこだわりすぎず小回りをきかせながら柔軟に活動することが強みとして評価されるのだと少しずつ理解できるようになりました。チラシやポスター、リクルートの方法など、自由なやり方を行政の皆様が受け入れそして協力してくださったことは、大分県全体での説明会参加者数や問い合わせ数の増加という成果に大きな影響を与えたのだと思います。

　第二に、施設関係者や里親の皆様との関係です。フォスタリング業務の一部に限定した活動とはいえ、大分県で新たにフォスタリング機関事業が導入されることについて、これらの皆様が私たちを受け入れてくださるのか、とても不安でした。フォスタリング業務が始まるよりもかなり以前から、家庭養育促進、地域社会への啓発、そして委託後の支援は、施設や里親の皆様が児童相談所と協働しながら地道に積み重ねてこられたものです。そこに児童相談所が担っていた業務の一部を担当することになったchiedsが新たに加わったのです。ところが、活動を始めてみると、"大分県の子どものために"とそれだけの理由で「一緒にやっていきましょう」と何人もの方々がお声をかけてくださいました。今も、里親の皆様や施設の先生方、そして里親支援専門相談員の皆様には、研修・実習へのご協力やご指導いただく機会をいただいています。

　これから、さらに成果を出せるよう職員一同努めていくことと同時に、活動についての発信も大切にしていきたいと思います。どうぞよろしくお願いいたします。

（特定非営利活動法人chieds）

コラム モデル事業 「乳幼児短期緊急里親」について

　大分県と日本財団の協定による家庭養育推進自治体モデル事業では、様々な先駆的な実践がなされています。「乳幼児短期緊急里親」もそのひとつです。

　「乳幼児短期緊急里親」は、複数の里親と契約を交わし原則24時間乳幼児の緊急委託に対応するためその里親が待機するというものです。

　もしかすると、全国の里親の皆様の中には「打診があればいつでも緊急で受託していますよ」と思われる方がいらっしゃるかもしれません。しかし、緊急で保護をして委託先を確保する児童相談所からすると、深夜に里親へ緊急委託の打診の連絡をすることに躊躇することもあるでしょうし、実際に打診に応じることができる状況にある里親家庭ばかりではないでしょう。そうなると、現状乳幼児の緊急委託の選択肢は場合によって乳児院の一択となります。24時間いつでも組織的に子どもの緊急委託に対応できることは乳児院の強みのひとつです。同じような組織的対応はできないかもしれませんが、「この里親さんなら、いつでも乳幼児を受託してくださる」と児童相談所が憚ることなく委託打診できる選択肢を子どものために増やすことが、このモデル事業のめざすところです。

　この事業のポイント、つまり養育里親制度の枠と異なる点をあげると、次のようなものになります。

- ・乳幼児短期緊急里親として特定非営利活動法人 chieds と契約した里親は原則24時間児童相談所からの乳幼児短期緊急委託打診を受けられるよう待機する
- ・委託打診の連絡があってから数時間（2時間〜3時間）以内に受託の準備を整える
- ・委託打診には原則応じる
- ・里親側の事情で待機が難しい場合は事前に chieds へ連絡をし、待機を解除する

・委託の有無にかかわらず、待機料がこのモデル事業から里親へ支払われる
・契約は自動更新ではなく年度ごとに交わされる
・乳幼児短期緊急里親は地域の緊急委託の過去の実態等を考慮し、大分県、児童相談所、有識者等で構成される「乳幼児短期緊急里親選定委員会」により複数選ばれる

　この事業を実践しているchiedsは小さなNPO法人ですので、措置権のある児童相談所のような権限はありません。加えて、現行の養育里親制度には当てはまらない実践の部分もあるため、乳幼児緊急里親の皆様とは厳格な契約を交わさせていただく必要があります。それでも、多くの里親の方々が乳幼児緊急里親になることを希望してくださいました。モデル事業であるため、規模と地域に制限もあり、限られた数の里親家庭しか選定委員会で選ぶことはできませんでしたが、大分県の里親の方々の熱意を強く感じています。

　事業が始まり、児童相談所の方からは、乳幼児緊急里親は常に委託に備えてくれているので躊躇せずに時間外でも打診ができると変化を感じておられるようです。実際に、日付が変わった時間帯に打診をして、委託となったケースもあります。これらの里親家庭の負担は小さくないと思いますが、それでも乳幼児の緊急の受託に熱意をもって備えてくださっています。

　今後の課題は、この事業が進むにつれていくつか見えてくると思います。現在は、chiedsがフォスタリング機関として受託後の里親支援を担っていないため、乳幼児短期緊急里親の待機時についてのみかかわっています。緊急で対応することの家庭の負担や受託してから数日～数週間の養育上の困難さへの支援など、支援者として協働することの難しさが課題としてあげられます。

　里親家庭の待機環境の整備という現在のこの事業は、突然の親子分離を経験する乳幼児の不安や恐怖感へのケアをほとんど里親に委ねている現状に変化をつくるところまでは至っていません。この課題そして今後見えてくる課題に対して変化をもたらすため、乳幼児短期緊急里親の皆様と児童相談所そして関係機関と協働して、この事業をより一層強化していけるよう努めていきます。
（特定非営利活動法人chieds）

● ●

第16章

大分県産婦人科医会が実施する「妊娠等について悩まれている方のための相談援助事業」に関連する「特別養子縁組制度」について

岩永 成晃

● ●

1. 特別養子縁組制度とは

　何らかの特別な事情で、実親（生みの親）が育てられない子どもを養親が引き取り、養子となる子の実親との法的な親子関係を解消し、養親が実の子と同じ法的な親子関係を結ぶ制度で、子の福祉（幸せ）を第一に考えられた制度です。

　戸籍も実子と変わらず、長男・長女と記載されます。また、家庭裁判所には縁組の書類が残され、将来子どもが実親(出自)を知りたいという場合は、その子が知る権利が守られています。また、この制度が適応される子どもは満15歳までとなっています。

　「特別養子縁組」で養親になることを望むご夫婦にも、子どもの幸せのために、下記のようなことが望まれています。

・児童相談所において、ご夫婦で里親認定をされている方
・健康状態や、精神状態が良好であること
・経済力があること
・「子どもの幸せ」を第一に考え、愛情をもって育ててくださるご夫婦であること

いわなが・しげあき　大分県産婦人科医会顧問／大分県周産期医療協議会専門部会長

図表1　特別養子縁組と普通養子縁組

	養子縁組制度		里親制度
	特別養子縁組	普通養子縁組	
戸籍の表記	長男（長女）	養子（養女）	－
子どもの年齢	原則として15歳未満	制限なし （ただし、育ての親より年下で あること）	原則として18歳まで （必要な場合は20歳まで）
迎え入れる 親の年齢	原則として25歳以上の夫婦 （ただし、一方が25歳以上であ れば、一方は20歳以上でもよい）	20歳以上	制限なし
縁組の成立	家庭裁判所が決定	育ての親と 子どもの親権者の同意 （15歳以上は自分の意思で縁組 ができる）	児童相談所からの委託
関係の解消 （離縁）	家庭裁判所が決定	認められる	自立するか 生みの親のもとに戻る

　養子縁組制度には、「特別養子縁組」と「普通養子縁組」があります（図表1）。「特別養子縁組」は、実親（生みの親）との法的な親子関係が解消され、戸籍の表記は実の親子とほとんど変わりません。「普通養子縁組」は、実親（生みの親）との法的な親子関係は残り、戸籍上に生みの親の名前も併記され、実親と養子との間で法律上の関係が残ります。「特別養子縁組」は、子どもが生涯にわたり安定した家庭生活を送るための制度です。

2. 大分県産婦人科医会における特別養子縁組制度の推進

1）子ども虐待の現状

　「子ども虐待による死亡事例等の検証結果等について」として厚生労働省からの報告が毎年なされています。その中でも子ども虐待死亡例の多くは、0歳児（多くは0日・0か月）でありこの傾向は長く続いています。その原因の多くに「予期しない妊娠」・「若年者の妊娠」があります。配偶者を含めたパートナーや家族に相談できないまま妊娠を継続し、医師等のいない状況で出産し殺害あるいは放置により死亡に至るものが多いとされています。また、虐待死に至らずとも妊婦健康診査未受診のまま出産となり、母子の健康に大きな障害を起こすこともあります。さらに、何とか養育を始めても、養育困

難に陥る事例等も多く報告されています。

2)「予期しない妊娠」・「若年者の妊娠」・「飛び込み出産」と特別養子縁組

　このような状況に対応するために、大分県産婦人科医会では「妊娠等について悩まれている方のための相談援助事業：妊娠ヘルプセンター」を大分県・大分県助産師会と協同して開設しています。「妊娠ヘルプセンター」では、「予期しない妊娠」・「若年者の妊娠」の相談を受け、少しでも母子にとって幸せになる方向性を探す努力をしています。また、何らかの理由で、妊婦健康診査を適切に受けないまま、いきなり医療機関を受診し出産になる、いわゆる「飛び込み出産」も子どもの養育に大きな問題を抱えています。そういった状況の中で、特別養子縁組制度の利用を提案することは、母子にとってより幸せな将来を得ることができる可能性を示すことができるものと考えます。

　したがって、産婦人科医療機関や市町村の母子保健担当課さらに児童福祉担当課においても、何らかの状況で産んだ子を育てられない母親に対して、「特別養子縁組制度を利用する」という選択肢を提案できることは極めて重要なことです。

3) 大分県産婦人科医会における特別養子縁組制度利用推進

　大分県における特別養子縁組制度への取り組みのきっかけとなったのは、全国の産婦人科医療機関で組織された「あんしん母と子の産婦人科連絡協議会」の行う産婦人科医療機関が真摯に関与する特別養子縁組活動に啓発されたことです。「あんしん母と子の産婦人科連絡協議会」は、予期しない妊娠をされた女性を支援し、生まれてくる赤ちゃんが安全で健やかに育まれるよう、産婦人科医療施設が連携し「良質な特別養子縁組」のあっせんを行う唯一の団体として真摯に活動を行っています。大分県産婦人科医会では、大分県においても、産婦人科医療機関が、良質な特別養子縁組制度に関与していく必要があることを認識しました。

4）大分県における特別養子縁組制度利用に関する打合せ会

2013（平成25）年に、「大分県における特別養子縁組制度利用に関する打合せ会」として、産婦人科医会、県子ども子育て支援課・県健康対策課・県中央児童相談所・県中津児童相談所との勉強会を2回実施しました。幸い、大分県における児童相談所が主導する特別養子縁組制度が実に良質な活動を行っていることを認識し、大分県においては児童相談所と協同して特別養子縁組制度に関与していくこととしました。

5）大分県における産婦人科医療機関が関与する特別養子縁組についての方向性

「妊娠等について悩まれている方のための相談援助事業」の一環として、産婦人科機関が関与する特別養子縁組制度の利用を促進します。

（1）産婦人科施設が関与する特別養子縁組制度の基本的考え方
①虐待防止の観点から、必要に応じて養子縁組を行います。
②第一に考慮すべきは、子の幸せであり、次に実母の心のケアを大切にします。
③出産前後の実母のメンタルケアおよび引き取った直後からの養父母の育児指導に、産婦人科施設が深くかかわることは、重要で望ましいことです。
④特別養子縁組という選択肢があることを提示することは、乳幼児や新生児虐待の大きな抑止力になります。
⑤子ども虐待は地域で防止します。

（2）特別養子縁組制度の利用形式
①児童相談所と連携しての里親制度（公的制度の）利用を充実させます。
＊産婦人科医療機関が積極的に関与することで、「良質な」新生児期の特別養子縁組の成立をめざします。
＊地域での解決を第一に考慮します。
②民間あっせん団体との連携について
特に、県外等への移動の可能がある場合は、「あんしん母と子の産婦人

　科連絡協議会」等の「良質な民間あっせん団体」との連携を構築します。

（3）地域で解決困難な事例については、県内行政（児童相談所）との密な連携のうえ、「あんしん母と子の産婦人科連絡協議会」等を有効に利用してゆきます。

（4）産婦人科医会会員のみならず、市町村の担当者への啓発を行い、地域において特別養子縁組に対応できるよう研修を行ってゆきます。

6）予期せぬ妊娠で悩む事例に対する「特別養子縁組制度」の利用

　「特別養子縁組制度」の運用には、関連の機関の綿密な連携とスピードが要求されています。各機関が認識を強くし、適切で質の高い、大分県の特別養子縁組制度を維持していくために適切な連携を常に心がけることが必要です。

（1）医療機関・妊娠ヘルプセンター・市町村では

・特別養子縁組制度の利用についても情報提供をし、興味を示せば児童相談所へ相談します。その際、母子保健担当課と児童福祉担当課は密に連携します。また児童相談所と市町は密に連携します。産婦人科医療機関とも連携し受入体制を整え十分に連携します。

（2）養子縁組決定後の産婦人科医療機関では、実親への対応として出産後の肉体的心理的安定を促進するとともに、養親に対して子育て開始への援助を開始します。

おわりに

　2016（平成28）年児童福祉法等改正の改正において、国は子どもたちが施設での養育から「家庭における養育環境と同様の養育環境で養育されることが望ましい」としています。いま、その趣旨に対応できる「特別養子縁組制

度」の適切な利用が強く希望されています。私たち大分県産婦人科医会も、
それに対応できるよう努力をしていきたいと思います。

コラム 大分県中央児童相談所における里親・措置児童支援課の設置

　本県の2019（令和元）年度末の里親等委託率は34.4％で、全国の都道府県の中で6番目の高さとなっていますが、2002（平成14）年度末はわずか1.2％でした。それが2013（平成25）年度末では、28.1％で、2004（平成16）年度末からの増加幅が全国2位と急増しました。私が中央児童相談所に初めて着任した2004年度は、この委託率増加の時期でした。

　着任してすぐに、養育里親に委託された児童を担当することになりました。本児は小学1年生時に児童養護施設に入所。施設内でトラブルが続き、小学5年生時に一時保護し、愛着面の課題があることから、養育里親に措置変更となりました。養育里親は、登録したばかりで本児が初めての受託児童ということもあり、心理士や保健師と一緒に頻繁に訪問しました。最初は、「宇宙人みたい」と養育の不安を聞くことも多かったですが、のどかな環境、学校等地域の協力などもあり、その後家庭引取となりました。

　このケースは、委託打診時の説明からマッチング、在籍していた施設や小学校担任とのお別れなど、委託前から時間をかけ丁寧に対応したと聞いています。委託後も、里親宅の訪問や児相通所、学校訪問やケース会議開催などを継続しながら、実親家庭への帰省の調整も行いました。思春期を迎える時期の措置変更という困難ケースでしたが、日々変化していく本児の表情などに、里親養育の有効性と里親支援の重要性を実感したケースでした。

　この2004（平成16）年度には、児童相談所に初めて里親専任職員（非常勤1名）を配置。以降も段階的に増員され、2012（平成24）年度には常勤2名、非常勤4名の体制となりました。

　このように本県では、2002（平成14）年度から里親委託を積極的に推進し、里親の確保と支援の両面から取り組んできましたが、令和元年度末の里親委託児童数・里親登録数が2012（平成24）年度末の1.5倍に増加する中、里親専任職員の体制はそのままとなっていました。委託打診やマッチングはもちろんのこと、措置費請求などの事務手続き、委託後の支援、各種研修の開

催や里親リクルートなど多岐にわたるフォスタリング業務等も増大し、里親のニーズにタイムリーに対応できなかったり、里親の求める支援とのズレが生じたりする場面が見られるようになりました。また、虐待対応件数の激増等により児童福祉司の業務量が増え続け、里親と社会的養護の「両輪」である施設への支援についても、十分とはいえない状況がありました。

　こうした中、2021（令和3）年度の児童福祉司の増員に伴い、里親制度の推進と里親及び措置児童支援の取組強化を図るため、中央児童相談所に里親・措置児童支援課が新設され、企画・里親推進班6名と措置児童支援班5名が配置されました。

　企画・里親推進班は、里親専任職員3名の増員により委託里親宅の訪問回数や応援会議への出席回数が多くなるなど、里親の不安に寄り添うタイムリーな支援を行うことができるようになってきています。

　措置児童支援班は、措置児童の自立支援、家族交流や家族再統合の促進、ライフストーリーワークの実施等に積極的に取り組んでいます。県外に転出した保護者及び所在不明となっていた保護者の調査や家庭訪問なども実施できるようになりました。

　里親・措置児童支援課が新設されて半年、まだまだ課題はあります。普段から定期的に訪問するなどしながら、里親や施設が困ったときにタイムリーな支援を行う。そして、家庭から分離した社会的養護のもとにある子どもたちの未来を守る責務を果すため、引き続きの体制整備が必要であると考えられます。

（（元）大分県中央児童相談所長　安藤 覚）

第17章

農福連携――きつきプロジェクト

永松 悟

はじめに

農業など第一次産業を基幹産業とする地方の自治体が抱える難題は、**若い後継者の不足**です。高齢化と過疎化の同時進行で、耕作放棄地や空き家は右肩上がりに増え続け、地域を代表する農林水産物の生産継続さえも危うい状況にあります。

一方、都会では**若者の社会的孤立**が問題になっています。特に、身近に頼れる人が少ない児童養護施設等の出身で単身の若者は、仕事の悩みや日々の生活上の困りごとを気軽に相談できる環境にありません。公的機関等の連携による重層的な支援の必要性が指摘されているところです。

第一次産業が中心の本市では、2016（平成28）年から県内の複数の児童養護施設（以下「施設」）と「NPO法人おおいた子ども支援ネット」（以下「支援ネット」）と杵築市役所（以下「市役所」）の3者が協働して、施設の中学生・高校生などを対象に、農業を通じたキャリア支援を行っています。

農業体験から段階的に就農にまでつなげる全国で初めての試みです。事業名は「チャレンジ人材支援プロジェクト」、通称「きつきプロジェクト」です。

ながまつ・さとる　大分県杵築市長

1. 事業の背景ときっかけ

1) 事業の背景

　親元で暮らせない子どもたちのために、大分県内の4市1町に9か所の児童養護施設があり、約300人が暮らし、こども園や学校に通っています。

　高校卒業後は、親を頼れないという経済的事情もあり、約75%が就職します。ただ、身元保証人がなくアパートを借りることが難しいため、就職先の多くは社員寮などが完備する都会の会社になります。

　ところが、残念なことに3人に1人が1年以内に離職してしまいます。一般家庭の卒業生の1.6倍です。寮完備という条件のため、必ずしも本人が一番希望する会社や職種でないことも原因のひとつのようです。

　寮生活の若者が会社を辞めることは、同時に住居も失うことを意味します。友達や先輩を頼り、複数のアルバイトをしながら都会で懸命に頑張り続けます。

　しかし、体調を崩し、孤立と貧困が重なり、精神科などの継続的な医療サポートを必要とする人もいます。

　社会に出てからの最初の一歩で躓くことがないように、やはり施設にいるときから地方にも様々な魅力的な職業があることを知ってもらい、同時に体験してもらうことがぜひ必要だと考え、この事業に取り組んでいるところです。

2) きっかけ

　この「きつきプロジェクト」は、2015（平成27）年に「支援ネット」の方々が市長室に相談に来られたことに始まります。

　「支援ネット」は、社会的養護が必要な子どもの自立支援や退所後の若者のアフターケアを目的に、前年に大分市に設立されたNPO法人です。

　メンバーには、私が児童相談所に勤務していた当時の同僚もいます。**施設を出た後の若者への支援が欠かせない**との思いは、私も全く一緒です。

　相談は「支援ネット」の活動に賛同する方から、アパートを無償で貸与していただいたが、法人からは遠い杵築市にある。活用のアイデアを」との内

容でした。

　そこで、施設児童の自立支援と市の重要課題である「農業後継者の育成」を結びつけた「農福連携」を提案したところ、以下の方向ですぐに話がまとまりました。

　　①施設の子どもたちに職業として農業を考えてもらえるよう、市内の実習
　　　先の農家に通う拠点とする
　　②将来の一人暮らしを想定した訓練の場（自炊・洗濯など）として使用す
　　　る

　市役所と「支援ネット」のコラボレーションによる事業化への取り組みが始まりました。

2.「プロジェクト」始動

　全国に先例のない取り組みです。果たして施設の子どもたちが農業に関心を示してくれるのか、また施設側に無理をかけないのか、考えるほどに不安が大きくなります。

　悩んでいる時間はないので、旧知の施設長や職員さん、そして市内の里親さんにこの計画のコンセプトを話し、率直な意見をうかがいました。

　皆さんからは「体験はとても大切なこと。プロジェクトの目的に賛成」「農業に向いている生徒はいる。協力したい」と、子どもたちと日々生活を共にしている方々からの励ましで、勇気をいただきました。

　また、児童相談所や県庁の児童福祉・農業振興の関係各課に出向き、事業目的を説明し、今後の支援や就農への助言をお願いしました。

1）ロードマップの作成と説明会

　市役所では、政策推進課・福祉推進課（福祉事務所）・農林課の3課と「支援ネット」との間で、具体的な協議に入りました。

　最初に「市内で就農者となり、新しい生活を築く」という両者共通のゴー

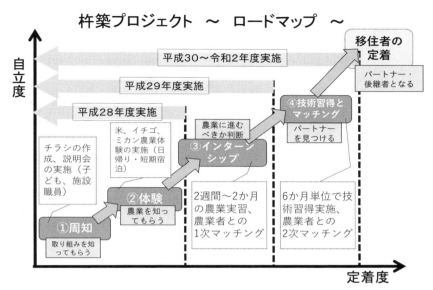

図表1　きつきプロジェクト　ロードマップ

ルを設定しました。次に、施設や入所している児童、卒園後の若者に、どんなステップを踏んで「就農・定着」というゴールに辿り着くのか、イメージしやすいように「見える化」しようと「ロードマップ（行程表）」を作成しました（図表1）。

　「自立度」を縦軸に、「年数と定着度」を横軸に、「周知」から「体験」→「インターンシップ」→「技術習得とマッチング」→「移住・定着」へとつながるように工夫しています。

　心配された実習先となる3か所の農家の選定については、農林課が普段の付き合いから、人選と同時に受け入れの内諾までもらい、「支援ネット」の皆さんをびっくりさせました。

　次に、県内9施設の施設長や職員さんを対象に、市と「支援ネット」が共同してロードマップを使った**事業説明会**を開催し、積極的な意見やアドバイスをいただきました。初年度は中学生、高校生ともに、農業体験を中心に行うことにしました。

きつきプロジェクト事業概要

農業に興味のある
児童・卒園者の就農・体験

杵築市内

県内9つの
児童養護施設

NPO大分子ども支援
ネットワーク

農業者　農業者　農業者

サポート

企画・調整・サポート

杵築市役所　杵築市民

サポート企業（企業版ふるさと納税）

（杵築地域）マムズガーデン牟田
農業法人：菊の芽摘み作業

（山香地域）田畑牧場
酪農家：乳牛の飼育

（大田地域）あさだ
農業法人：ナスの収穫・出荷作業

図表2　きつきプロジェクト　事業概要

2)「支援ネット」の役割

　ところで、市役所には就農支援に詳しい職員や児童福祉の各種事業に精通している職員はいますが、児童養護の専任職員はいません。施設は市内になく、施設の子どもたちとの交流経験もないため、プロジェクトに携わる職員は、初めて会う生徒を十分にサポートできるのか大きな不安があります。市町村職員が取り組む「**農福連携事業**」の中でも、難易度は非常に高いと痛感しました。

　だからといって、生徒の農業体験のたびに、県内各地から施設職員さんに本市まで来てもらうことは、通常業務で多忙な中、事実上不可能です。

　そこで、施設・生徒と市役所とのコーディネート役として、子どもの自立支援や退所後のアフターケアに実績のある「**支援ネット**」に、事業の企画やサポート相談員の配置などの関連業務を委託し、**市で予算化する**ことにしました（図表2）。

3)「企業版ふるさと納税」の活用

　最大の問題は**財源確保**です。就農者が必ず出るとの保証はなく、何年後に

なるかもわかりません。事業の具体的な手法や内容も、季節ごとの農業者の受け入れ体制と生徒の希望とをマッチングする「臨機応変型」です。計画性と実現性が高いレベルで求められた第1次分の「地方創生推進交付金」の申請は見合わせました。

しかし、ちょうどこの時期に「企業版ふるさと納税制度」が創設されました。内閣府が認定する地方公共団体の地方創生事業に対し企業が寄付を行うと、6割（現在は9割）相当額が法人関係税で軽減される制度です。もし、本市のプロジェクトに企業が賛同し寄付をしていただければ、事業自体の継続性が格段に向上します。

すぐに企業回りを始めました。本市に支店や工場を持つ企業の本社を訪問し、解決すべき課題と事業内容について直接、社長にお会いして説明しました。「社会的意義が大きい。協力します」との即答をいただくことができました。

さっそく、内閣府に申請を行い、2016（平成28）年8月に認定を受けることができました。11月には日本経済新聞の全国版に企業版ふるさと納税の広報記事が掲載され、本市のプロジェクトが全国102の第1次認定事業中、先導的優良4事例の1つとして紹介されました。官民協働・政策間連携による先駆的な事業であると評価され、寄付に応じていただいた企業に大変喜ばれました。

3.「プロジェクト」の進捗状況

1）体制の充実

初年度は、市内3農業事業所が受け入れ先となり、県内6施設から中学生15名、高校生6名が夏休みを利用し、有機野菜の収穫や集落営農団体でのナスの集荷・袋詰め、乳牛の世話・品評会出場準備といった農業体験を行いました。また牧場では冬休みにも高校生2名を受け入れていただきました。

2年目以降は、農業法人等の事業所での雇用を目標に、新規採用が可能な大規模農業法人にも呼びかけた結果、実習先が3か所から14か所に一気に広がり、畜産（肉牛・乳牛）をはじめ、みかん・イチゴ・ユズ・お茶などの

生徒への説明会

施設の後輩と収穫

園芸作物から、菊・ホオズキといった花卉類まで、実習内容のバリエーションが豊富になりました。

　また、土日・祝日および長期休暇を利用し、年間を通して研修体験の機会を増やしたことで、コロナ禍の影響も受けながらも、毎年30〜50人が農業体験コースやインターンシップに参加しています。

2) 新規就農者の誕生

　この取り組みの中で、高校への進路を普通科から農業科に変更した中学生がいます。また、就農を期待された高校生が、もっと勉強したいと県立の農業大学校に進学しました。進学後も、学校で学んでいることを生産現場で体験・確認したいと、実習先だった本市の農家をたびたび訪ねているそうです。農家の方も大歓迎で、その熱心さと急速な成長ぶりに感心されています。

　こうした中、2020（令和2）年4月には、事業の初年度の中学3年生のときから4年間、毎年欠かさず実習に参加していた高校生が、卒業と同時に市内の柑橘栽培の会社に**正社員として採用**されるなど、2020（令和2）年度末で4名が農業法人や農業関連の会社に就職し、市内に居住しました。

　施設の先輩が就農したことで、出身施設の小学生や中学生の後輩たちが、先輩の働きぶりを見学したり、収穫の手伝いにも来てくれるようになりました。農業をより身近に感じてくれています。

　もし施設に弟や妹がいれば、将来、同じ会社で一緒に働くことができるかもしれません。兄弟姉妹で**再び家族として一緒に暮らす**ことも夢ではありません。

3）中学生・高校生の感想

これまでの「きつきプロジェクト」に参加した施設の生徒たちの感想は、以下のとおりです。

◎「思ったより大変で疲れたけれど、慣れてくると楽しかった」

◎「大変だけどやりがいを感じた。沢山の経験をしたいので、次も頑張りたい」

◎「農園の人はすごく親切で和んだ」

◎「部活よりも大変で、びっくりしたけど楽しかった。この体験を活かしていきたい」

◎「人と人のかかわりが、ものすごく大切な仕事だと教えてもらった」

◎「優しいおじいちゃん、おばあちゃんに会えた。就職したら、また会いに来たい。ふるさとのよう」

◎「高校の農業科では学べないことが沢山あって、とても勉強になった」

◎「農作業が意外と上手くできて自信がついた。農業で働くことができるかも」

農業に興味を持った中学生が、農業科のある高校に進学したり、施設を出ても受け入れてくれた農家の方と交流を続けるなど、就農に前向きな様子や将来の定住に向けた気持ちの変化も見受けられます。

農家の方々が、熱心に丁寧に、根気強く教えてくれています。休憩時間には笑い声が響き、**家族のように**接していただいています。

4）「支援ネット」からの考察

事業の企画、施設との連絡調整をお願いしている「支援ネット」からは、以下のような考察をいただきました。

①施設生活の中で、一般の大人との出会いが少ない子どもたちが、日常とは全く異なる体験を通じて、様々な大人と出会い、優しい声掛けを受け、一緒に作業することができた。いろいろなことを学び、心を動かされて

育苗作業風景

施設職員も付き添って

いることがうかがえる。

　特に、祖父母の年齢の方々から褒められることで、「やる気」を出している姿が多く見受けられる。

②この農業体験に参加したことで、正社員やパートなど可能な範囲で農業に従事している事例が増えており、**農業が具体的な就職先のひとつとな**りつつある。

　プロジェクトが無事スタートできたのは、「支援ネット」と市役所のコラボレーションが実現したからです。施設とは緊密に頻繁に連携を取っていただき、また市役所とは常に細部にわたる調整をしていただいています。

　その専門性の高さと「子ども第一」の理念が市職員に伝わり、おかげで主体的に、意欲的に本事業に取り組んでいます。

5）施設職員の感想

　プロジェクトに同行していただいた施設の職員さんからの感想は、以下のとおりです。

◎「農業体験を通じて、施設では決して見ることのなかった**子どもの強み**が見えてきた」

◎「バイトはなかなか続かないけど、きつきプロジェクトは毎回楽しみにしている」

◎「農家の方との共同作業が、彼らの自立心を育ててくれている」

◎「入所してきた小さいときから知っているけど、農家の皆さんとこんなに喋れるなんてびっくりした。自分の気持ちをきちんと言えていて感動した」

◎「プロジェクトから帰ってくると、施設の友達とずっと農作業の話ばかりしている。ハマってます」

◎「施設内での生活とは違い、自主的・意欲的に作業に取り組む姿が見られた」

農業は、自然を相手に自分のペースで仕事ができます。人間関係が苦手であまり自分を出そうとしない生徒も、居心地がいいのかもしれません。

それぞれの施設職員さんが積極的に農業体験への参加を生徒の皆さんに呼び掛け、温かくフォローしていただいたおかげで**就農が現実のもの**となりました。

4. 今後の課題と方向性

1) 事業の継続性

超高齢社会の中での急速な少子化で、どの地方自治体の財政状況も厳しく、行財政改革を続け、職員定数の削減、歳出のゼロからの見直しなどが行われています。市町村が国や県などの補助金を受けずに一般財源だけで、何年も継続して事業を行うことは困難です。

幸いにも「**まち・ひと・しごと創生法**」が2014（平成26）年に成立し、「地方創生推進交付金」や「ふるさと納税制度」の仕組みなどができました。

毎年「企業版ふるさと納税」を活用し、2年目以降は「地方創生推進交付金」もあわせて獲得できているところです（図表3）。

しかし、これらの制度がいつまで存続するのかわからないことが大きな課題です。内閣府をはじめ、厚生労働省や農林水産省の補助制度の動向に常に注目しながら、本プロジェクトを**進化させ続ける**ことが唯一の方法であると思います。

図表3　事業費と寄付額の推移

年度	対象事業費（千円）	寄付額（千円）	寄付企業数（社）
2016（平成28）年	1,401	1,400	2
2017（平成29）年	4,494	3,000	3
2018（平成30）年	4,073	4,000	4
2019（令和元）年	4,080	2,000	2
2020（令和2）年	3,070	3,070	4
合計	17,118	13,470	5企業・延べ15件

2）対象分野の拡大

　今回のプロジェクトで施設・「支援ネット」・市役所の3者とも、中高生のときからの農業体験の重要性を改めて認識しました。そして農業は、子どもたちに将来の職業として十分受け入れてもらえると、自信を持てました。

　その中で、「支援ネット」側から、**不登校やひきこもり状態にある青少年**に対しても、本プロジェクトのスキームは状況改善や自立支援につながる可能性が高いという提案があり、新たに農家実習の対象に加えて、支援を始めているところです。

　これからも、子どもたちが農業体験を通じて働くことのイメージが持てるように、一人ひとりに寄り添いながら、工夫を重ね支援していきます。

3）新たなテーマ

　また、今の子どもたちを取り巻く状況の中で、スマホ依存症やゲーム障害が問題となっています。生活リズムの乱れや体の不調、成績の下降など、**小・中学生、高校生自身が苦しんでいます。**

　生活リズムを整え、体を動かし、コーチ役の農家のベテランと生産の大変さと収穫の喜びが共有できる「きつきプロジェクト」です。悩んでいる子どもたちを早期に救い出すためのアプローチのひとつとして果たせる役割はないか、学校教育課をはじめ、市の教育委員会と検討を始めました。

おわりに

　地方では、栽培・飼育などの技術が高く、営農経験と地域で暮らし続ける
ノウハウが豊富で、しかもそれを丁寧に時間をかけて教えてくれる高齢者が
たくさんいます。一方、都会では孤独と低収入で将来に希望を持てない若者
が増え、心身を病み、中には自ら死を選ぶ人もいます。

　人生は人との出会いで大きく変わります。「きつきプロジェクト」は、そん
な思いから児童養護施設、おおいた子ども支援ネット、杵築市役所の3者が
力を合わせて取り組んでいますが、まだまだ道半ばです。

　この事業の主役は、施設の子どもたちと農家の方々です。

　子どもたちは農業の大変さと、みんなで協力することの大切さ、そして自
分の役割を果たすことで得られるそれぞれの**居場所**を見つけました。来るた
びに成長する姿に感動します。

　また、農家、特に高齢者の皆さん方は、孫の年齢ほどの子どもたちに会え
るのを楽しみにしてくれています。注意の仕方とタイミングが絶妙で、ほめ
る言葉はいつまでも子どもたちの心に残ります。

　この主役たちが、日々私たち支援者を元気づけてくれています。

全世代対応型包括支援センター （地域ケア会議）

　2008（平成20）年頃から市役所で介護保険を担当することになり、地域包括ケアシステムの構築に取り組む中で、人材育成、ネットワークづくりなどについて、効果的に推進する方策について悩んでいたところ、「地域ケア会議」というツールに出会いました。

　地域ケア会議の機能として期待されているものは、①個別課題の解決、②ネットワークの構築、③地域課題の発見、④地域づくりの資源開発、⑤政策形成の5つの機能です。この会議を効果的に県内18市町村で運営することによって、大分県における地域包括ケアシステムの構築は加速度を増したと考えられています。

　その後2015（平成27）年度から福祉事務所長を担当することになり、時期を同じくして国においては地域共生社会の議論が活発になされるようになってきたことから、将来の法改正を見据えて地域共生社会の推進をめざすための課題を整理したところ、①相談支援機関の機能強化②関係機関のネットワークづくり③社会福祉協議会の機能強化④行政職員・相談支援員等の資質向上などが浮かび上がりました。これらの課題解決策としては、地域ケア会議の手法が応用できるものとの確信があったことから、生活困窮者、子ども子育て、障がい者の支援計画を検討する「全世代型地域ケア会議」を2016（平成28）年5月に設置しました。

　この会議は、ネットワークづくりにもつながることから、高齢者のケア会議に参加を依頼していた、リハビリ専門職、薬剤師、管理栄養士に加えて、県内の医療機関（精神）のソーシャルワーカー、障がい者就労・生活支援センター、児童発達支援センター、自立援助ホームなどを運営するNPO法人にも助言者としての参画を求め実施することとしました。

　会議を進めるうえで複合した課題を有する世帯の支援を効果的に進めるためには、分野ごとの相談支援機関の連携がなされておらず、情報の共有も十分でないなど各相談支援機関の力量不足の解消と人材の育成・確保を図る必

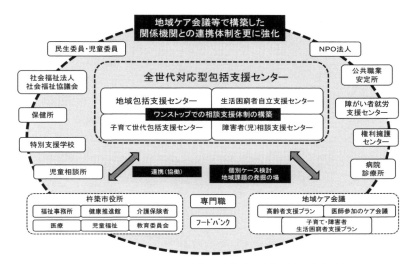

図表1　地域福祉を担うコーディネート機能の強化（全世代対応型包括支援センター）

要があるとの判断に至り、2020（令和2）年4月に「全世代包括支援センター」を市から社会福祉協議会に委託する形態で設置する運びとなりました。

すでに全世代支援センターを設置してから2年が経過しましたが、例えば子どもの貧困対策など子育て支援部門と生活困窮者自立支援部門の職員が常時情報を共有し、家計改善や就労など自立に向けた支援が途切れることなく一体的に行えるようになりました。さらに、全世代支援センターを社会福祉協議会が受託することによって、フードバンク事業など多種多様な資源を組み合わせるコーディネート機能も強化され、重層的な支援を提供することが可能となりました。

地域共生社会の実現を図るには、属性・世代を問わない包括的相談支援体制を構築することが不可欠ですが、相談支援機関を統合することが必ずしも求められているものではなく、それぞれ独立した機関が連携して対応することも当然可能ではあります。

しかしながら、人口が3万人に満たない杵築市のような小規模の自治体では、限られた財源・人材などを考慮すると、統合することもひとつの選択肢ではないかと考えられます。　　　　　　　（杵築市社会福祉協議会　江藤　修）

おわりに

　4月の終わり、日本中の桜の開花があっという間に終わってしまった2022年。『おおいたの子ども家庭福祉』の1回目の校正刷りが届いた。全部で17章、ずいぶん多いなぁと思いながら読み始めた。一体何日かかるんだろうと思っていたが、実際に読み始めてみるとあっという間に17章全部を読み終えていた。各章を担当した皆さんの熱い想い、子どもへの、そして養育者の皆様への深い愛を感じた。

　大分県は子どもの家庭福祉を考えるとき、どの分野においても先駆的で、とてもよく考え抜いた支援策が多くある。大分の特徴は、目の前にいる助けを必要としている子ども、そしてその養育者がいると放っておけない、何とかしてあげたい、というような気持ちが自然と起こってきて手助けを始めてしまう、そのような風土があるような気がしてならない。

　大分県緒方町で緒方町立病院の初代小児科医として勤務していた父の子どもとして生まれた私は、開業したら365日朝から晩まで働き続ける小児科医を見続けてきた。祖父が、1934（昭和9）年から小児科単科標榜の小児科診療所を開業し、私が小学5年の時、父がそれを継承。「自分を必要としてくれる子どもたちやその養育者がひとりでもいる限り、毎日外来を開ける」、「そんな彼らに、ため息つきながらも、さらに朝早くから、夜遅くまで付き合ってきた母」、そのような町医者が私の医者としての原風景である。

　そのような中、あまりに忙し過ぎる両親の生活を見て、彼らの子どもとして育った私には、とても人間のやる仕事とは思えなかったので、自分は環境保護団体の仕事、特に山林に入り込み、里山づくりとその維持を自分の一生の仕事としてやっていくつもりだった。ただ、父との約束で、現役で希望する大学に入れなかった場合は医学部に挑戦することになっていた。そして見事に小児科への道を進むことになってしまった（泣笑い）。

　ただ学生の頃から医者を続けるなら小児科医、専門は子どもの心の問題と

決めていた。1994（平成6）年に大分県中津市に戻り、発達行動小児科学と地域小児科学を専門とする医師として働き始めた。その後出会った大分県内の多くの仲間たちや相澤さん、河野さんのお仲間が今回の著者となってくださっている。

　編者の相澤さんと河野さんは、国レベル、県レベルでの活動で出会った方たちで、いずれも20〜30年近いお付き合いとなっています。3人の編者が出会った皆さんに、今回「大分県の子ども家庭福祉」についての本を出そうと思っていると相談したら、皆さん快く執筆を承諾してくださいました。皆さんの原稿を今回改めてしっかり読み込むことで、その時その時の皆さんの想い、そしてそれを続けていく中での喜びや大変さ、そのような様々な想いを込めて今回執筆してくださったことを知ることになりました。私たちにとっては宝物です。

　子どもへの、そしてその養育者への支援のあり方や国の制度が大きく変わるこの時に、この本を皆様へお届けできることは、私たちにとってとても大きな喜びです。チャイルド・ファーストの意味、今後広がることになる市区町村における子ども家庭支援における在宅支援等、この本を手にしてくださるひとりでも多くの皆様が、今自分なりに続けている活動において、何かヒントになることを見つけ出すのに少しでもお役に立てることを願っています。

　この分野は臨床を続ければ続けるほど、ときに、仲間がひとりもいない、ひとりぼっちだ、こんな考え方おかしいのかなぁ、こんなことを続けても本当に意味があるのかなぁ、などと不安になったり寂しくなったりすることがあります。そんな時この本の存在を思い出し読み直してくださることで、ひとりではない、みんなこうやって進んできたんだなどと思いを改め、先に進んでくださること、少し俯瞰して周囲を見渡し仲間がいることを思い出しながら、その方たちとの交流を深め仕事を続けていけるよう願っています。

　このような背景から、各章の文体は、すべて執筆者にお任せすることにしました。私たちのわがままや意図を理解してお付き合いしてくださった明石書店の編集担当の辛島悠さん、深澤孝之さん、私たち編者の想いをステキな

イラストにして表紙を飾ってくださった谷川のりこさんに心より感謝いたします。本当にありがとうございました。

　そして、この本を読んでくださった皆様、本当にありがとうございました。皆様の忌憚ないご意見や感想をいただけると励みになります。下記に住所や連絡先を記載しています。よろしかったらご意見や感想を送っていただけるとうれしいです。本当にありがとうございました。

　梅雨の前に初夏を感じた日に

井 上 　 登 生

ご意見、感想受付先（代表）

ファックス：0979-22-3175

メールアドレス：morinoie@leaf.ocn.ne.jp

住所：〒871-0027 大分県中津市上宮永2丁目13-4

医療法人井上小児科医院内　井上登生

●編著者略歴

井上 登生（いのうえ・なりお）
1957年3月大分県生まれ。
福岡大学医学部卒業後、同年福岡大学医学部小児科入局。
1986〜1988年、英国ロンドン大学児童青年期精神医学部門留学：D.C.A.P.; Diploma of Child and Adolescent Psychiatry 取得。帰国後、福岡大学小児科助手を経て、1994年4月より、大分県中津市の小児科診療所を継続。2010年4月から7年間、福岡大学臨床教授（小児科学）。第86回日本小児精神神経学会会長、日本子ども虐待医学会副理事長。厚生労働省社会保障審議会児童部会社会的養育専門委員会委員。日本小児科学会（専門医・指導医）。
『子ども虐待の臨床』（共編、2005年、南山堂）、『子どもの心の診療医になるために』（共著、2009年、南山堂）、「子ども虐待とアタッチメント障害」『講座 子ども虐待への新たなケア』（分担執筆、2013年、学研教育出版）、「"子ども虐待"マネジメント」『小児科医の役割と実践』（分担執筆、2013年、中山書店）

河野 洋子（かわの・ようこ）
1964年大分県生まれ。
大分上野丘高等学校卒業。
1982年4月大分県採用。
2000年10月中央児童相談所児童福祉司として着任、その後も要保護児童関係職場を中心に勤務。中津児童相談所長、福祉保健部こども・家庭支援課長を経て、2022年4月から、こども・女性相談支援センター長（中央児童相談所長）。
社会福祉士 。
『子どものための里親委託・養子縁組の支援』（分担執筆、2017年、明石書店）、『みんなで育てる家庭養護シリーズ全5巻』（分担執筆、2021年、明石書店）

相澤　仁（あいざわ・まさし）
1956年埼玉県生まれ。
立教大学大学院文学研究科教育学専攻博士課程後期課程満期退学。
国立武蔵野学院長を経て、2016年4月より、大分大学福祉健康科学部教授。
日本子ども家庭福祉学会会長、厚生労働省社会保障審議会児童部会部会長代理、全国子どもアドボカシー協議会理事長、全国家庭養護推進ネットワーク共同代表、全国子ども家庭養育支援研究会会長。
『やさしくわかる社会的養護シリーズ全7巻』（編集代表、2012〜2014年、明石書店）、『みんなで育てる家庭養護シリーズ全5巻』（編集代表、2021年、明石書店）、『社会的養護Ⅰ』（共編、2019年、中央法規）

おおいたの子ども家庭福祉
──子育て満足度日本一をめざして

2022年7月20日　初版第1刷発行
2022年11月20日　初版第2刷発行

編著者　　　井　上　登　生
　　　　　　河　野　洋　子
　　　　　　相　澤　　　仁
発行者　　　大　江　道　雅
発行所　　　株式会社　明石書店

〒101-0021　東京都千代田区外神田6-9-5
　　　　　　電　話　03（5818）1171
　　　　　　ＦＡＸ　03（5818）1174
　　　　　　振　替　00100-7-24505
　　　　　　https://www.akashi.co.jp/
　　　　　　装丁　　谷川　のりこ
　　　　　　印刷　株式会社文化カラー印刷
　　　　　　製本　　協栄製本株式会社

（定価はカバーに表示してあります）　　　　　　　ISBN978-4-7503-5435-4